Wilhelm Schmid

Selbstfreundschaft

Wie das Leben leichter wird

Insel Verlag

2. Auflage 2018

Erste Auflage 2018
© Insel Verlag Berlin 2018
Druck: CPI – Ebner & Spiegel, Ulm
Printed in Germany
ISBN 978-3-458-17750-0

Inhaltsverzeichnis

Vorwort

Es war eine Entdeckung, die mich packte und nicht mehr losließ. Die Sätze in diesem Buch elektrisierten mich: Zur *Sorge für sich selbst* leite die Philosophie an, um mit Überlegung den eigenen Weg zu gehen, sich bei großer Unruhe in sich zurückzuziehen, dann wieder Anderen zuzuwenden, nicht zu hadern mit dem, was geschieht, sondern es zu lieben und den eigenen Fähigkeiten entsprechend tätig zu sein, nicht länger über das Wesen des guten Menschen zu diskutieren, sondern ein solcher zu sein und auf diese Weise »das schönste Leben zu führen«.

Die Sätze halfen mir, Halt zu finden in meinem Leben, das ich bis dahin eher durchirrt hatte, romantisch, idealistisch, introvertiert, melancholisch. Ich hatte nicht so recht gewusst, wohin mit mir, und immer wieder waren hoffnungsvolle Beziehungen zerbrochen. Das Buch wies mir den Weg: Beginne erst einmal bei dir selbst, dies ist dein Leben, mache etwas daraus, woran du dich erfreuen kannst und womit du Andere erfreust. Dabei waren sie doch ziemlich alt, diese »Wege zu sich selbst«, *Ta eis heauton*, die griechisch geschriebenen Selbstbetrachtungen des Stoikers Marc Aurel aus dem 2. Jahrhundert n. Chr., die mir glücklicherweise in die Hände fielen.

Dann war es wie so häufig: Was ich für meine individuelle Entdeckung hielt, entdeckten auch Andere, auf ihre je eigene Art. Zwei, drei Jahrzehnte später war die Hinwendung zum Selbst zu einer großen Bewegung angewachsen, immer mehr Menschen schlossen sich ihr an. Erst allmählich wurde mir klar, dass daraus nicht etwa die erhoffte maßvolle *Selbstkultur* hervorging, sondern dass viele zu einem maßlosen *Selbstkult* hin drifteten. Das Projekt einer Stärkung des Selbst lief aus dem Ruder, vielleicht trug ich dazu auch meinerseits mit einem der vielen Bücher zum Thema bei.* Da geriet etwas ins Rutschen, was nicht so gemeint war.

---

* Wilhelm Schmid: *Mit sich selbst befreundet sein. Von der Lebenskunst im Umgang mit sich selbst*, 2004, Suhrkamp Taschenbuch.

Wenn ich über die Gründe dafür nachdenke, komme ich zum Schluss, dass die schiefe Ebene in der immer ungehemmter propagierten »Selbstliebe« angelegt war, die zum *übertriebenen* Narzissmus hin offen ist. Hinzu kam die Situation, auf die dies traf: Sinnverlust, zerbrechende Beziehungen und andere Herausforderungen der modernen Welt führen Menschen offenbar dazu, mit einer kräftigen Portion Selbstbehauptung gegenhalten zu wollen. Abgesehen davon dürfte die Übersteigerung der Selbstbeziehung zumindest zum Teil der üblichen Bewegung der Geschichte geschuldet sein: Auf ein Extrem antwortet ein anderes. Auf die Jahrhunderte währende Geringschätzung des Selbst musste also seine Überschätzung folgen. Ebenso ist eine Reaktion auf die starke Betonung der *Gesellschaft* seit der Studentenbewegung von 1968 denkbar, in deren Schlepptau Menschen zu fragen begannen: »Aber ich – was ist mit mir?« Jede Rede vom Ich wurde ins Abseits gedrängt – und dies umso mehr, je ungehinderter die Propagandisten der ichlosen Gesellschaft selbst einem eitlen Narzissmus huldigten.

Gegen *ein wenig* Narzissmus ist nicht viel zu

sagen: Von einem Menschen, der sich selbst wenigstens ein bisschen mag, geht mehr Frieden aus als von einem Menschen, der mit sich nichts anzufangen weiß, sich womöglich hasst. Wie sonst sollten Menschen sich gerade in schwieriger Zeit orientieren, wenn nicht dadurch, dass sie sich erst einmal auf sich selbst besinnen? In Zeiten der Digitalisierung kann dies helfen, sich in den neuen Möglichkeiten nicht zu verlieren.

Die Schwierigkeiten werden jedoch größer, wenn sich alles nur noch um das eigene Ich dreht, und das ist zu beobachten: Die Schlüsselqualifikation für steile Karrieren in der Wirtschaft scheint ein offen zur Schau gestellter Narzissmus wie im Popgeschäft zu sein. Zerstörerische Ausmaße nimmt er bei jungen Menschen an, die ihr Ich mit Gewalt durchzusetzen bereit sind, sowie bei alternden Präsidenten, die Staaten als Fortsetzung ihrer Ichs mit anderen Mitteln verstehen. Es hat mit dem Fehlen einer Selbstkultur zu tun, wenn irrlichternde Ichs triumphieren und unter dem Vorwand beliebiger Gründe Andere terrorisieren, ganz nach dem Motto: *Liebe dich selbst, und es ist egal, was du kaputt machst.*

Die übersteigerte Selbstliebe ist ein Irrweg, gleichermaßen kräftezehrend für das Ich, das ein Idealbild seiner selbst realisieren will, wie für Andere, die davon betroffen sind. Nach einer Weile des Erschreckens über die Auswüchse des Narzissmus könnte die Zeit reif dafür sein, einen anderen Weg der Selbststärkung offensiver ins Spiel zu bringen. Die *Selbstfreundschaft* steht für eine Pflege des Selbst, durch die das Leben leichter wird, da sie einem Menschen ermöglicht, besser mit sich umzugehen und damit umgänglicher auch für Andere zu werden. Die freundliche Beziehung zu sich stellt die Basis der Gelassenheit dar und begründet ein Selbstvertrauen, das von Dauer sein kann. Das haben auch viele im Sinn, die von Selbstliebe sprechen. Aber eine größere begriffliche Klarheit hilft, Missverständnisse zu vermeiden.

Liebe und Freundschaft sind schon bei den Beziehungen zwischen zweien nicht dasselbe, so auch in der Beziehung zu sich selbst. Die Selbstfreundschaft neigt weniger zu leidenschaftlichen Übertreibungen und erlaubt mehr Distanz zu sich selbst. Mit der Selbstfreundschaft wählt ein Ich sich selbst zum Ansatzpunkt für das Bemühen um eine verträglichere Welt, die sich durch mehr *humanen Charme* und weniger Narzissmus auszeichnet. Ohne Umstände kann das Selbst bei sich selbst mit der Arbeit beginnen und muss nicht ewig auf äußere Verbesserungen warten. Es kann für sich den Beweis antreten, dass sich mit einem veränderten Selbstverhältnis zunächst einmal die Welt, in der es alltäglich lebt, verbessern lässt. Sodann erweist sich die Selbstfreundschaft als ein Weg, vom Ich zum Wir zu kommen, sodass das Selbst mit Anderen in einem bejahenswerteren sozialen Umfeld leben kann. Und schließlich kann es sich mit Anderen zusammentun, um an wünschenswerten Veränderungen auch in der Gesellschaft zu arbeiten, denn die Selbstfreundschaft bleibt nicht beim Selbst und seiner unmittelbaren Umgebung stehen.

Es sind engagierte Einzelne, die eine Gesellschaft und ihre Institutionen bauen und umbauen, bewahren und verändern. Sollte die Gesellschaft ihrer Meinung nach eine andere werden, können sie beim Umgang mit sich und Anderen bereits einen Anfang machen. Die Glaubwürdigkeit des Bemühens um Veränderungen wird größer, wenn die damit verbundene Anstrengung nicht Anderen aufgebürdet wird. Und jede Veränderung gewinnt an Überzeugungskraft, wenn sie von realen Menschen ins Werk gesetzt und nicht nur ideologisch angemahnt wird. Da der Einzelne ein Teil der Gesellschaft ist und alle Teile das Ganze beeinflussen, hat die Art, wie er lebt, ohnehin schon Auswirkungen auf Andere und die Gesellschaft, und seien sie noch so unscheinbar. Die Wirkung mag klein sein, aber dass viele kleine Impulse sich allmählich zu einer großen Bewegung summieren können, brachte die Rückbesinnung auf das Selbst gegen alle anfänglichen Widerstände zum Vorschein.

Die Anregungen für den Weg zur Selbstfreundschaft, die dieses Buch geben will, gingen aus zahlreichen Beobachtungen, Begegnungen, Überlegungen, Erfahrungen und Diskussionen hervor. Dabei hat sich gezeigt, wie hilfreich jeder einzelne Punkt gerade in schwieriger Zeit sein kann und dass der Weg hier bereits das Ziel ist, denn zu keinem Zeitpunkt ist der Prozess der Selbstbefreundung abgeschlossen.

Ermutigen kann die Idee der Selbstfreundschaft alle, die sich erschöpft und ausgebrannt fühlen. Balsam kann sie für diejenigen sein, für die das Selbst zur Wunde geworden ist, aufgerissen von Anderen, vom Leben, von unguten Verhältnissen. Eine Perspektive kann die Stärkung der Selbstbeziehung denen bieten, die mit sich allein zurechtkommen müssen und daran nichts ändern können oder wollen. Nicht zuletzt kann sie Menschen weiterhelfen, die nur Selbstverzicht und Pflichterfüllung kennengelernt haben und es als Befreiung ihres Lebens empfinden, sich auch um sich selbst kümmern zu dürfen, ohne sich den Gefahren einer übertriebenen Selbstliebe aussetzen zu müssen.

1. Sich lieben oder mit sich befreundet sein?

Freundschaft ist ein hohes Gut. Das gilt auch für die Freundschaft mit sich selbst, diese freie Form der Selbstbeziehung, die für Beziehungen zu Anderen weit offen bleibt, während bei übermäßiger Selbstliebe das Interesse an Anderen eng an das Eigeninteresse gebunden ist.

Selbstfreundschaft und Selbstliebe: Im wirklichen Leben sind sie selten in reiner Form zu finden, häufig in Mischformen in ein und derselben Person. Welche Form in einem Menschen überwiegt, hat mit seiner Veranlagung und dem sozialen Umfeld zu tun. Aber er muss diesem Einfluss nicht lebenslang ausgeliefert sein. Er kann selbst entscheiden, in welche Richtung er sich entwickeln will und ob er zu einer Auseinandersetzung mit sich bereit ist, um den Schwerpunkt im eigenen Selbst zu verschieben. Daher zielt eine erste Anregung für den Weg zur Selbstfreundschaft darauf, die Form der Selbstbeziehung bewusst zu wählen.

Die Unruhe über die Form der Selbstbeziehung

ist nicht neu. In der abendländischen Kultur stritten bereits Platon und Aristoteles darüber, ob die Zuneigung zum Selbst, die *philautia*, eine übermäßige Selbstliebe begünstige. Platon befürchtete das, aber Aristoteles sah in ihr eine Freundschaft (*philia*), die auf das eigene Selbst (*autos*) bezogen wird. In Marc Aurels Buch steht dieses Befreundetsein mit sich, *philein heauton*, für eine Selbstbeziehung, die auch zur Relativierung des Selbst in der Lage ist.

Als die christlichen Evangelien zur Nächstenliebe aufriefen, setzten sie eine starke Selbstbeziehung voraus: »Liebe deinen Nächsten wie dich selbst.« Gemeint war damit sicher kein Narzissmus, sondern eine Zuwendung zu sich, die die Zuwendung zu Anderen erst ermöglicht. Aus Angst vor Übertreibungen wurde aber bald jede Selbstbeziehung eliminiert, die Nächstenliebe fand sich damit ihrer Basis beraubt. Umso mehr musste sie gepredigt werden, ohne dass sich der erwünschte Erfolg einstellen wollte.

Unterscheidungen könnten weiterführen: Die *Selbstliebe* neigt zur Übertreibung, wenn das Selbst so sehr idealisiert wird wie in einer übergroßen Liebe der Andere. Die Selbstliebe kann das Selbst ebenso beengen wie eine allzu leidenschaftliche Liebe den Anderen. Bildlich ausgedrückt: Der übermäßig Selbstliebende (durchgängig ist im Folgenden die weibliche Form mitgedacht) schlingt gerne die Arme fest um sich, blickt von einer Uferbrüstung aus träumerisch über das Wasser und erdrückt sich schier mit seiner Umarmung, ohne dabei selbst froh zu werden.

Bei der *Selbstfreundschaft* hingegen verzichtet das Selbst, ähnlich wie bei der Freundschaft mit Anderen, auf eine Idealisierung und ist zu einer realistischen Einschätzung seiner selbst in der Lage. Die Nähe erlaubt jederzeit auch eine Distanz. Allenfalls im Zustand heiterer Trunkenheit oder bei einer ernsten Lebenskrise geht der Selbstfreund Arm in Arm mit sich, um sich ganz pragmatisch zu stützen. Vor allem in turbulenten Zeiten genießt er die Rückzugsmöglichkeit auf sich als Freund, auf den Verlass ist. In freudlosen Zeiten schöpft er viel Freude aus dem vertrauten Zusammensein mit sich.

Bewunderung durch Andere ist dem Selbstfreund willkommen, sofern es Anlass dazu gibt; ein wenig

17

davon lässt er sich auch schon selbst zuteilwerden. Der übermäßig Selbstliebende hingegen ist auf bewundernde Andere angewiesen, zusätzlich will er bei jeder Gelegenheit die Vollkommenheit seiner selbst im Spiegel sehen, in den er wie einst Narziss am Rande einer spiegelnden Wasserfläche gerne blickt. Da kein Spiegelbild reale Mängel beseitigen kann, unterliegt er ständig der Gefahr, enttäuscht von sich zu sein. Um dennoch nicht ablassen zu müssen vom Selbstbild, immer jung, makellos, erfolgreich zu sein und zu bleiben, frei vom Älterwerden, von Deformation und Depression, schiebt er den Grund für Enttäuschungen umstandslos Anderen, der Gesellschaft und dem Leben in die Schuhe. Im äußersten Fall, wenn seine hohen Ansprüche an sich nicht in Erfüllung gehen, will er nicht mehr leben. Eine Selbsttötung aus Selbstliebe, ein *narzisstischer Suizid*, kann dadurch motiviert sein, das Selbstbild von jeglicher Befleckung reinigen und womöglich Andere noch final bestrafen zu wollen, die die Großartigkeit dieses Selbst nicht zu erkennen vermochten.

Vollkommenheit von sich zu erwarten, ist nicht etwa nur ein individuelles Problem. Zwar ist es

der Einzelne selbst, der den Maßstab der Erwartungen an sich und sein Leben festlegt, aber er folgt dabei häufig der umgebenden Kultur. Diese suggeriert ihm in moderner Zeit einen Maßstab, der den religiösen Erwartungen einer göttlichen Vollkommenheit im Jenseits entlehnt ist. Mit medial vermittelten Bildern dient die Werbebranche dem Selbst Produkte an, die ihm zur Vollkommenheit im Diesseits verhelfen sollen. Mehr als der Selbstfreund fühlt sich der übermäßig Selbstliebende dabei von unverhohlenen Anspielungen auf göttliche Fähigkeiten angesprochen, mit denen beispielsweise Wellness-Unternehmen für sich werben: »Erschaffe dich neu!« Wird das zum Maßstab, beginnt eine unabsehbar lange Leidenszeit, denn zur Einbuße wird fortan jeder Kratzer, jede leicht gekrümmte Nase, jedes Gramm zu viel, Zellulitis sowieso, jede kleine Beeinträchtigung des Glücksgefühls, jede schmerzhafte Lücke beim ständigen Positivdenken. *Nach Vollkommenheit zu suchen heißt, Anlässe zur Verzweiflung zu finden.*
Auch aus diesem Grund mahnte in antiker Zeit die berühmte Inschrift des Tempels von Delphi:

»Erkenne dich selbst« (*Gnothi seauton*). Gemeint war: Erkenne, dass du ein Mensch bist, kein Gott, also nicht vollkommen. Überschätze dich nicht, es könnte dir leidtun. Du kannst nichts erschaffen, schon gar nicht dich selbst. Gottgleich wirst du nicht werden, versuchst du es dennoch, wirst du dich unaufhörlich grämen über deine Unvollkommenheit, Verletzlichkeit, Unwissenheit und Endlichkeit. – Aber wirkungsmächtig geworden ist in der abendländischen Kultur nicht diese Haltung, sondern die Lehre der »Gottesebenbildlichkeit« des Menschen, die zu immer neuen Anläufen verleitet, sie auch zu erreichen.

Im 21. Jahrhundert lebt der alte Menschheitstraum von Vollkommenheit, Unverletzlichkeit, Allwissenheit und Überwindung der Endlichkeit im so genannten *Transhumanismus* wieder auf, den einige Gurus der Silicon-Valley-Religion verkünden. Die 2015 im Internet erfolgte Gründung einer Kirche zur Anbetung von Künstlicher Intelligenz (wayofthefuture.church) ist mehr als nur ein bloßer Scherz. Mit technischer Hilfe soll der Tod getötet und sollen alle sonstigen Konstruktionsfehler des Menschen getilgt werden: Eine säkulare Fortsetzung des religiösen Traums, ohne Sünde zu sein. Die moderne Sünde ist die Nichtperfektion, die endlich eliminiert werden soll. Perfektion aber ist eine Idee, zu der es in der Realität nur Annäherungen gibt; kein Mensch wird sie je erreichen können. Mit jedem neuen Wissen, jeder neuen Technik werden wieder unerwartete Probleme auftauchen. Das muss nicht bedauert werden: So bleibt immer etwas zu tun.

Aus der Distanz betrachtet, erscheint der avantgardistische Transhumanismus eher als althergebrachte *Transhumanz*. So wird in Alpenländern das Hin- und Hertreiben von Schafen bezeichnet, die mal hier, mal dort weiden dürfen. Ergeben folgen sie dem Hirten, egal wohin. Streiten lässt sich auch über die angestrebte *Selbstoptimierung*, unter der Transhumanisten eine *Selbstperfektionierung* verstehen (und viele Kritiker tun es ihnen gleich). Der Selbstfreund aber will das Beste in sich fördern, dafür steht das *Optimum*, das mit Perfektionierung nichts zu tun hat. Historisch gesehen war es ein Anliegen des *Humanismus*, jedem Menschen Gelegenheit dazu zu geben, seine besten Möglichkeiten zu verwirklichen. Eine humane Gesellschaft stellt dafür Bildung und Chancen zur Verfügung, damit jeder Einzelne aus sich und seinem Leben das Beste machen kann, auch mithilfe von Techniken. Durch die individuelle Optimierung wird im Gegenzug wiederum die Gesellschaft optimiert.

Von Nichtperfektion fühlt der Selbstfreund sich nicht gekränkt. Wie in der Freundschaft, in der der Andere mit all seinen Eigenheiten akzeptiert wird, ist er dazu auch sich selbst gegenüber bereit. So kann er einer sein, der sich mag, obwohl er sich kennt. Selbstironie zu pflegen und Selbstkritik zu üben, ist ihm nicht fremd. Er schmunzelt über die Dummheit, die ihm zuweilen eigen ist, und verzeiht sich manches, was er besser anders gemacht hätte. Er träumt nicht von immerwährender Harmonie in der Beziehung zu sich selbst, und so ist es für ihn keine Katastrophe, mit sich manchmal uneins zu sein: »Das muss ich mit mir noch klären.« Hier und da auf Distanz zu sich zu gehen, fällt ihm nicht schwer: »Was habe ich da für einen Unsinn geredet!« Seine Fehler und Schwächen sieht er klar, und wie in einer guten Freundschaft üblich, kann er sich dazu gelegentlich »die Wahrheit sagen« – um dann nach einem gangbaren Weg zu suchen, gut mit dem Unguten zurechtzukommen.

Der große Unterschied zwischen den beiden Formen der Selbstbeziehung ist ihr *Horizont*. Der übermäßig Selbstliebende sieht über sein Ich nicht hinaus, es geht ihm ausschließlich um sich selbst. Seine Eitelkeit weiß er kaum zu zügeln. In Gesprächen muss er jeden Satz auf sich beziehen und immerzu von sich sprechen, er kann sich schlicht nicht von sich lösen, daher sich auch nicht reflektieren. So groß wie seine Selbstliebe fällt seine Bindungsunfähigkeit aus, denn irgendwelche Einschränkungen seiner Selbstbestimmung kann er nicht akzeptieren, niemand soll seinem Ich Grenzen setzen. Um nicht auf Andere angewiesen zu sein, um die er sich erst bemühen müsste, macht er vieles mit sich selbst aus. Da übergroße Selbstliebe sich auch nicht gut mit vertiefter Freundschaft verträgt, kann sie sehr einsam machen.

Wendet der auf diese Weise Selbstliebende sich Anderen zu, dann aus Not, weil er sich langweilt oder jemanden braucht, der ihm weiterhilft oder in dessen Glanz er sich sonnen kann. In diesen

Fällen ist er zur *Beziehungserschleichung* in der Lage, um Menschen mit überströmender Zuneigung zu vereinnahmen, sie allerdings auch, falls das nicht gelingt, mit aufbrausender Dramatik aus seinem Leben zu verbannen. Nichts ist hinzunehmen, alles hat so zu sein, wie er sich das vorstellt. Falls ihm etwas nicht passt, werden Andere, die er dafür verantwortlich macht, zu Objekten seiner Aggression. Verabredungen einzuhalten, hängt von seiner Lust ab, vielleicht findet sich noch etwas Besseres. Zugleich ist seine Liebe zu sich, wie bei einer leidenschaftlichen Liebe üblich, wankelmütig. Er selbst kommt schon mit seinen Launen nicht zurecht, wie sollten Andere es können, die mit ihm zu tun haben?

Der Selbstfreund aber zielt mit seiner Selbstzuwendung darauf, leichter auf Andere zugehen und für sie da sein zu können. Er will nicht unentwegt nur auf sich blicken und von sich selbst reden. Aus seinem engen Ego will er ein weites Selbst machen. Erforderlich ist dafür nur, immer wieder ein wenig von sich absehen zu können, nicht weil das moralisch geboten ist, sondern weil das eigene Leben mit einem weiteren Blick bedeutend reicher wird. Beim Selbstfreund ist spürbar, dass er sich Anderen nicht aus Not zuwendet, sondern aus *Menschenfreude* aufrichtig für sie interessiert. Er hat Freude daran, mit anderen Menschen ein größeres Spektrum an Möglichkeiten des Lebens kennenzulernen. Sein Eigeninteresse geht so weit über sein Selbst hinaus, dass er sich zeitweilig auch ganz davon lösen kann. Eitelkeit ist ihm nicht fremd, aber er hält sie in erträglichen Grenzen. Da ihm das nicht immer gelingt, hat er Verständnis dafür, dass Andere manchmal so unerträglich sein können wie er selbst.

Weniger als der Selbstliebende ist der Selbstfreund von aktuellen Launen, Gefühlen und Tagesverfassungen abhängig. Er verwechselt diese Ich-Momente nicht mit seinem gesamten Ich. Auf Verabredungen mit ihm ist Verlass. So ist er mit großer Beständigkeit zu Liebe, Freundschaft und Geselligkeit in der Lage. Das Leben wird um Vieles leichter dadurch, dass er es Anderen nicht zu schwer macht, mit ihm umzugehen. Kooperation und viele schöne Dinge werden dadurch möglich. Die Grundlage dafür ist jedoch die immer wieder neue Befassung mit sich selbst. Mit ihrer

25

Hilfe kann aus der anfänglich flüchtigen Bekanntschaft mit sich im Laufe der Zeit noch eine Freundschaft fürs Leben werden.

2. Sich wahrnehmen und Selbstkenntnis gewinnen

Morgenstunde, Stunde der Wahrheit. Das Leben ist noch nicht frisiert, rasiert, geschmückt, verkleidet. Ich trete vor den Spiegel und sehe jemanden mit wirrem Haar und verschlafenen Augen, unwillig und unfähig zum *Selfie*-Strahlen. Wie bei einer Begegnung, bei der ich meine, den Anderen schon mal gesehen zu haben, bin ich für einen Moment versucht zu fragen: »Kennen wir uns?« Aber es ist unzweifelhaft, dass dies mein Ich ist, jedenfalls der sichtbare Teil: »Ja, das bist du, Leugnen zwecklos.« Erst später, als ich wieder klarer denken kann, fällt mir auf, dass ich mein Ich als *Du* angesprochen habe. Offenbar um eine Distanz zu markieren, ohne glaubwürdig von einem fremden *Sie* sprechen zu können. Ich wollte nicht so ganz das Ich sein, das ich sah. Und doch geht es bei diesem Ich um mich.

Die zweite Anregung zur Selbstbefreundung besteht darin, aufmerksam auf sich zu sein. Das Ich ist das, was nicht Sache eines Anderen ist, sondern das, womit ich leben muss, 24 Stunden am Tag, 365 Tage im Jahr, bis zum letzten Atemzug. Jeder Andere kann im Umgang mit meinem (nicht seinem) Ich eine Pause machen, ich nicht. Jeder Andere kann sagen: »Nicht mein Problem«, wenn ich ein Problem habe. Ich kann das nicht. Ich ist alles, was in und an mir ist und was ich wohl oder übel als mir zugehörig betrachten muss.

Trügerisch ist der Ausdruck »Ich« jedoch, weil nicht einer, sondern viele sich damit zu Wort melden, viele Teil-Ichs: Der Kopf sagt »Ich«, der Magen ebenfalls, von den Gefühlen ganz zu schweigen. Aber nur ein Teil-Ich sorgt sich um das Ganze, einem einzigen Gedanken liegt mit seiner Rede vom Ich das Zusammenleben aller Teile am Herzen, und das kommt allen zugute, wenn es *integrativ* geschieht, auf ein Zusammenwirken bedacht, nicht *possessiv*, besitzergreifend. Es geht diesem einen, *gedanklichen Ich* nicht um Selbstbeherrschung wie in früheren Zeiten, sondern um die innere Vernetzung des Ich. Anders als der übermäßig Selbstliebende, der seinen Impulsen unmittelbarer folgt, verfügt der Selbstfreund damit über einen Moderator, der alle im Blick behält und sich um alle kümmert, auch wenn keiner ihm den schweren Job dankt.

Ich bemerke, dass ich Appetit auf Schokolade habe. Zugleich meldet sich in mir der Gedanke, Schokolade sei nicht gut für mich. *Ich, ich, in mir, für mich* – das ist etwas verwirrend, ich muss es erst sortieren.

Im Appetit-Ich spricht vermutlich der Körper, genauer ein gefühlter Impuls in ihm, der sich mit *ich* zu Wort meldet, wie viele andere Impulse auch.

Das *Ich*, das den Appetit bemerkt, ist demgegenüber das gedankliche Ich, das *in mir*, in meinem Kopf, umgehend zum Ausdruck bringt, dass der gefühlte Impuls nicht zu seiner Vorstellung vom Selbst passt, in dem alle Ichs integriert sind. Die Gesamtheit könnte Schaden nehmen, daher macht das gedankliche Ich dem gefühlten Impuls mit seinem Appetit auf Schokolade einen Vorschlag zur Güte: Wie wäre es mit einer gesünderen Schokolade mit wenig Zucker und viel Kakaogehalt?

Sollte das weiterhin fühlbar und sichtbar nicht gut *für mich* (für das gesamte Selbst) sein, müsste das gedankliche Ich den gefühlten Impuls noch etwas mehr zügeln können, am besten aber nicht durch eine Verdammung des Appetits, die Widerstand hervorufen würde, sondern durch seine allmähliche Gewöhnung an geringere Mengen, Rippchen für Rippchen. Das stärkt das Gefühl der Selbstwirksamkeit und steigert die Genussfähigkeit: Weniger schmeckt mehr.

Oder sucht etwas in mir nach etwas Anderem, wofür die Schokolade nur ein Ersatz ist? Ausgehend von einer solchen Frage und Beunruhigung entfaltet sich die *Selbstwahrnehmung*, wenn ihr Zeit und Gelegenheit gegeben wird. Und auch ohne Anlass ergibt sich ein Moment des ruhigen Innehaltens und Nachdenkens irgendwann und irgendwo von selbst. Zunächst empfinde ich vielleicht Langeweile, aber wenn ich sie gewähren lasse, verwandelt sie sich zur langen Weile der *Muße*, zum langen Verweilen bei einer Beobachtung, einer Sache, einer Frage. Eine günstige Gelegenheit dafür ist das *Gehen*, denn der Körper freut sich über den Rhythmus, den er im modernen Leben allzu häufig entbehrt, und der Atem geht tiefer. Fürs Erste gilt die Aufmerksamkeit der äußeren Umgebung, sehr bald aber kehrt der

Blick sich um und nimmt innere Bilder, Klänge und Stimmen wahr, ohne dass dies die ausdrückliche Absicht gewesen wäre. In der anfänglichen Leere tut sich eine Fülle auf, in der Gedanken und Gefühle, Wahrnehmungen und Erinnerungen zum Vorschein kommen.

Das sind die Zeiten, in denen ich mich wiederfinde, weil ich die Zusammenhänge in mir wahrnehmen und regenerieren kann. Das gedankliche Ich, das ein Wir zustande bringen will, lernt die vielfältigen Bestandteile, Impulse und Aspekte des Selbst besser kennen, mit allen Unterschieden, Widersprüchen, Stärken und Schwächen. Aus guten Gründen ist davon die Rede, dass *Diversität*, Verschiedenheit, eine Quelle der Kreativität und Produktivität in Gesellschaften, Institutionen und Unternehmen ist, wenn sie gut bewältigt wird. Aber die Basis dafür ist der Umgang mit der Diversität im eigenen Ich. Wie zwischen Menschen, so herrscht auch zwischen den Teilen meiner selbst nicht immer Harmonie. Die inneren Konflikte zu registrieren ist die Voraussetzung dafür, sie ausbalancieren zu können und nicht nach außen wenden zu müssen.

Eine Integration der vielen Teil-Ichs zum Selbst gelingt am ehesten, wenn ich mich als gedankliches Ich im Umgang mit ihnen um *Gerechtigkeit* bemühe. Alle wollen gleichermaßen wahrgenommen und ernst genommen werden: Der Körper und seine Organe, die Seele und ihre Gefühle, der Geist und seine Gedanken. Was ist, wenn der Geist seine Arbeit am Bildschirm nicht unterbrechen will, der Körper jedoch Bewegung braucht? Das gedankliche Ich kann beiden gerecht werden, etwa indem es eine zeitliche Abfolge vermittelt, erst dies, dann jenes.

Ein ewiger Konfliktherd ist das Verhältnis zwischen Geist und Seele: Soll ich den gedanklichen Einsichten oder den gefühlten Stimmen in mir Folge leisten? Als das Ich, das mit sich befreundet sein will, gebe ich mal der einen, mal der anderen Seite den Vorzug und lasse es auf keinen Fall zum inneren Bürgerkrieg kommen, der mit wechselseitiger Zerstörung enden würde. Wie im Äußeren steht auch im Inneren nicht die ideale Gesellschaft in Frage, die jederzeit alle vollkommen zufriedenstellen würde, sondern die weniger ideale, in der möglichst viele nicht restlos unzufrieden sind, sodass sich auf dieser Grundlage einstweilen weiterleben lässt.

Sich selbst wahrzunehmen und besser kennenzulernen führt außerdem zur Einsicht, dass nicht alles am und im Selbst ein Produkt der eigenen Wahl, Gestaltung und Vermittlung sein kann. Vielmehr ist jeder Mensch eine Mischung aus eigener Gestaltung und einem Gestaltetwerden durch Andere und Anderes.

Die *Genetik* hat einen Anteil an der körperlichen, seelischen und geistigen Grundausstattung, die nicht beliebig zu verändern ist.

Jeder ist des Weiteren eingebettet in eine soziale und kulturelle *Umgebung*, die auf ihn einwirkt. Vieles wird gestaltet von den nahen und nächsten Anderen, die sich ihres Einflusses nicht immer bewusst sind, aber ich selbst sollte darauf achten: Mit wem lebe ich, arbeite ich, schlafe ich? Freundliche Menschen sind mir behilflich, denen ich jedoch ebenso behilflich sein sollte. Mit unfreundlichen Menschen muss ich zurechtkommen, aber ich bringe Anderen auch nicht immer nur Freundlichkeit entgegen. Mit vielen, die ich nicht kenne, lebe ich in einer Gesellschaft, die mir

Möglichkeiten eröffnet, sie aber auch begrenzt, etwa weil es an Ressourcen mangelt.

Außer biologischen, sozialen und kulturellen Lebensgrundlagen bin ich auf *materielle* angewiesen, die ich nicht durchweg selbst schaffen, auf die ich aber aufmerksam sein kann.

Das betrifft einerseits die oft missachteten *ökologischen* Ressourcen: Was verdanke ich ihnen im Leben? Was kann ich für ihre Erhaltung tun?

Andererseits stehen *ökonomische* Ressourcen in Frage: Wovon kann ich leben? Was erhoffe ich mir? Was kann ich selbst dafür tun, mit welcher Bildung und Weiterbildung? Welche Kontakte sind nützlich, und wie kann ich sie herstellen und womit Andere überzeugen? Genügt es mir, für Geld zu arbeiten, oder brauche ich Sinn? Worin sehe ich Sinn, auch ohne Geld? Woran arbeite ich gerne?

Und in welches Netz kann ich fallen, wenn alles schiefgeht? Bin ich Anderen so beigestanden, dass sie bereit sind, mir im Notfall ebenfalls beizustehen? Gibt es außer dem persönlichen auch ein gesellschaftliches Netz, das mich auffangen kann? Tue ich selbst etwas dafür, dass es bereitsteht? Trage ich zu den materiellen Mitteln bei, die zu seiner Erhaltung benötigt werden? Was halte ich von einem bedingungslosen Grundeinkommen, das ein optimales Netz für alle darstellen könnte, aber auch von allen finanziert werden müsste?

Ins Licht rücken auf diese Weise die *individuellen* wie auch *transindividuellen*, biologischen, sozialen, kulturellen, ökologischen und ökonomischen Grundlagen, auf denen das Leben jedes Menschen beruht.

Alles zusammengenommen, bin ich wie jeder Andere ein Mensch, den es in dieser Kombination seiner Teile und mit diesen speziellen Erfahrungen, guten und schlechten, nur ein einziges Mal auf diesem Planeten und mutmaßlich im gesamten Universum gibt. Für alle Zeiten ein originelles Unikat, vielleicht ein staunenswertes Unikum, in jedem Fall ein schützenswertes *Weltkulturerbe*.

Gleichwohl ist nicht alles an mir so individuell, wie ich glaube, vieles teile ich mit Anderen, es ist unser gemeinsames Menschsein. Gerade bei Erfahrungen, von denen ich meine, dass nur ich sie kenne, ist es eine gute Idee, mich mit Anderen darüber auszutauschen. Das gilt insbesondere für Erfahrungen, die mir Probleme bereiten und über die ich nicht gerne spreche. Andere können mir sagen, dass sie ähnliche Erfahrungen gemacht haben und auf welche Weise sie damit zurechtkommen, sodass ich nicht mehr ganz auf mich allein gestellt bin.

Sich immer wieder eingehender mit sich zu befassen, bringt ein größeres Verständnis für sich und mehr Einfühlung in das eigene Selbst, mithin *Selbstempathie* zustande. Auf dieser Basis wächst die Empathie auch für Andere, das Verständnis für sie und die Fähigkeit zur Einfühlung in sie.

Das Verständnis für sich bedarf dabei keiner umfassenden, tiefgründigen oder gar abgründigen Selbst*erkenntnis*, die das Selbst mit quasi-wissenschaftlicher Objektivität durchdringen würde. Es ist wohl kaum möglich, restlos alles am Selbst zu verstehen, wie ja auch in einer Freundschaft oder Liebe nicht immer alles am Anderen zu verstehen ist. Wenn es möglich ist, das zu akzeptieren, kann das ewig vergebliche Bemühen um Selbsterkenntnis von einer wachsenden Selbst*kenntnis* abgelöst werden, die das Leben leichter macht, aber nie abgeschlossen ist, da immer wieder neue Kenntnisse hinzukommen. Die Selbstkenntnis reicht aus, um gut für sich und auf dieser Grundlage auch für Andere sorgen zu können.

3. Die Sorge für sich selbst

Der Dreh- und Angelpunkt der Selbstfreundschaft ist die Sorge *um sich* und *für sich*, auch dies ein alter griechischer Begriff, *epimeleia heautou*, bei dem die beiden Aspekte der Sorge nicht immer unterschieden wurden. Die Sorge *um sich* ist eine eher ängstliche. »Ich sorge mich um mich« heißt so viel wie: »Ich habe Angst davor, in Schwierigkeiten zu geraten.« Was dabei mitklingt, ist jedoch etwas Anderes: Es ist mir nicht egal, was mit mir geschieht. Die Angst kündet vom Interesse am eigenen Leben. Alle Angst ist im Grunde Lebensangst: Angst *um das Leben*, das bedroht sein könnte, auch Angst *vor dem Leben*, das unkalkulierbar ist. Natürlich will ich kein Leben führen, das von Ängsten bestimmt ist. Aber ich kann nicht immer ganz frei von ihnen sein; vielmehr verdanke ich ihnen auch etwas: Sie machen mich vorsichtiger und nachdenklicher. Um der Angst zu begegnen, überlege ich, wie ich mich besser vorbereiten, wappnen, schützen kann.

Damit setzt die Sorge *für sich* ein. Aus der ängst-
lichen geht die kluge Sorge hervor, klug im Sinne
von rücksichtsvoll, umsichtig, vorsichtig, voraus-
schauend. Ein Übermaß an ängstlicher Sorge
macht das Leben schwer, durch kluge Sorge wird
es leichter. Die dritte Anregung für den Weg zur
Selbstfreundschaft sieht daher vor, klug für sich
zu sorgen. Vorausgesetzt, ein Mensch hält es für
sinnvoll, zur klugen Sorge überzugehen und sich
um eine bewusste Lebensführung zu bemühen.
Zwingend ist das nicht, grundsätzlich ist auch eine
Sorglosigkeit möglich, bis hin zur Gedankenlosig-
keit, um einfach drauflos zu leben und sich von
keiner Angst bange machen zu lassen. Auch die
ausdrückliche Verweigerung der Sorge ist möglich, ein Mensch kann sagen: »Mein Leben ist
mir egal. Es ist sowieso sinnlos.« Nichts spricht
dann dagegen, keine Ansprüche mehr an sich zu
stellen und sich zu vernachlässigen.

Was spricht demgegenüber dafür, die Sorge für
sich zu übernehmen? Das künftige Leben. Früh-
zeitig kann ich für all das sorgen, was ich brauche, um zu verwirklichen, was ich mir vorstelle,
verbunden mit der Erkenntnis, dass dieses Leben

nicht ewig währt. Friedrich Nietzsche brachte dies auf die Formel: »Eins ist Noth« (*Die Fröhliche Wissenschaft*, 1882, IV, 290, und viele andere Stellen in seinem Werk). Notwendig ist demnach nur, sich um das Eine oder das Wenige zu kümmern, das aus subjektiver Sicht existenziell wichtig erscheint: Diese Aufgabe, diese Idee, dieses Ziel, diese Beziehung. Insbesondere in einer Lebenskrise und Krankheit kann ein Mensch damit die Energien aktivieren, die für einen Neuanfang oder für ein Leben mit dem Unabänderlichen erforderlich sind. Andere können ihn mit ihrer *Fürsorge* unterstützen, und es tut gut, sich ihnen zu überlassen, wenn es nottut – um die Sorge alsbald wieder selbst zu übernehmen und die Anderen damit zu erfreuen, dass der, den sie umsorgten, in sein Leben zurückfindet.

Die kluge Sorge gilt jedoch nicht dem Selbst allein, sondern behält alle Zusammenhänge im Auge, die sich im Zuge der Selbstwahrnehmung als bedeutsam erwiesen haben: Aus *Notwendigkeit*, weil sie in irgendeiner Weise das Selbst beeinflussen können. Aus *Freude*, weil das Leben durch die erstaunliche Vielfalt, in die ein Mensch eingebettet ist, spannender wird. Beide Gründe sprechen dafür, sich nicht nur für das Hier und Jetzt zu interessieren, sondern auch für das, was anderswo und morgen ist, mithin für alles, wovon das Selbst und sein Umfeld direkt oder indirekt betroffen sein könnte. Und dies nicht nur, um die Zusammenhänge des Lebens zu kennen, sondern auch, um gegebenenfalls allein oder mit Anderen darauf einzuwirken, dass das bestehende Leben bewahrt und mehr Leben ermöglicht werden kann. Daher das Interesse an Anderen, an den Lebensumständen, an der Gesellschaft, der Wirtschaft, der Natur – aus kluger Sorge für sich selbst.

Um aber die Sorge auf das zu konzentrieren, was beeinflusst werden kann, frage ich mich: Was steht in meiner Macht, was nicht? Manche zweifeln daran, dass überhaupt etwas in ihrer Macht steht, sie halten alles im Leben für fremdbestimmt. Um zweifelsfrei herauszufinden, ob es sich so verhält, müsste es möglich sein, den totalen Durchblick zu haben. Über den verfügt jedoch kein Mensch. Der Prozess lässt sich abkürzen: Ich *will* annehmen, dass einiges in meiner Macht steht, um mein Leben nicht damit zuzubringen, mich unentwegt nur ohnmächtig zu fühlen. Natürlich kann bezweifelt werden, dass dieser Wille ein *freier* ist, denn er unterliegt seinerseits vielen Einflüssen, selbst die Neurobiologen haben ihre liebe Not mit seiner Erforschung. Aber erneut lässt sich der Klärungsprozess abkürzen: Ich bewahre mir die Illusion eines *bedingt freien* Willens. Weitaus größer wären die Schwierigkeiten, würde ich nur über einen *schwachen* Willen verfügen. Sofern ich das nicht ändern könnte, wäre es etwas, womit ich leben müsste. In der Hoffnung, Menschen zu begegnen, die selbstbefreundet genug wären, um meine Verfassung nicht für ihre Interessen auszunutzen.

Die Sorge um und für sich ändert sich mit den *Lebensphasen*, denn ein Selbst bleibt auf seinem Weg durch die Zeit nicht dasselbe. Manchmal tauchen bei der Erinnerung an frühere Phasen Zweifel auf: War das wirklich ich? Ich war ein Anderer zu anderen Zeiten. *Das Selbst ist auch ein Sammelbecken aller Ich-Momente quer durch die Zeit.* Mit jedem Phasenwechsel geht eine gravierende Änderung des Selbst und seines Blicks auf das Leben einher: Das jüngere Selbst kann sich nicht vorstellen, jemals zu den Älteren zu gehören. Älteren wiederum scheint die jüngere Perspektive im Laufe der Jahre fremd zu werden, obwohl es doch einst ihre eigene war. Mehr Verständnis für Menschen in der jeweils anderen Phase entsteht durch gelegentliche Perspektivenwechsel, angeregt etwa durch eine Begegnung.

In welcher Phase des Lebens befinde ich mich jetzt? Was haben meine Sichtweisen und Erfahrungen mit den Besonderheiten dieser Phase zu tun? Bin ich bereit, mich mit den aktuellen Herausforderungen anzufreunden? Was das erste Lebensviertel angeht, den *Frühling* des Lebens, sind es vorzugsweise die Älteren, die sich um die Möglichkeiten der Jüngeren sorgen. Im doppelten Sinne kann von einer *Schonzeit* die Rede sein: Die Heranwachsenden werden so weit wie möglich *geschont*, um nicht gleich allen Unbilden des Lebens ausgesetzt zu sein, sondern durch Spielen und Lernen Möglichkeiten für sich entdecken und erproben zu können. Sie dürfen eine Zeit der Sorglosigkeit genießen, während Eltern und Andere für sie die Möglichkeiten im Auge behalten, die mithilfe von Bildung und Ausbildung zu erschließen sind. Währenddessen zeigen sich die Heranwachsenden stolz darauf, dies und jenes *schon* zu können, und eilen dabei dem tatsächlichen Können gelegentlich weit voraus.

Unweigerlich vollzieht sich der Phasenübergang zum zweiten Lebensviertel, zum *Sommer* des Lebens, wenn unruhige Fragen aufbrechen und besorgte Blicke sich voraus aufs Ungewisse richten: Was wird aus mir werden? Wie kann ich mich selbst darum kümmern, das zu realisieren, was mich interessiert? Der junge Erwachsene sorgt sich nun selbst bewusster um die Richtung, die sein Leben nehmen kann, und widmet sich der Verwirklichung von Beziehung, Beruf, Familie und Hobby, die alle zum Lebensinhalt werden können. Es handelt sich um die *Jetztzeit*, jetzt oder nie sind die wichtigen Dinge des Lebens anzugehen. Da die Zeit knapp ist, muss vieles parallel verwirklicht werden. Dadurch entsteht Stress. Gelassenheit? Nicht jetzt. Das Wollen übertrifft die Geduld bei weitem. Mit Sorge wird die Innovationskraft von Gesellschaft und Wirtschaft betrachtet: Alles geht viel zu langsam, Beschleunigung tut not.

Mit dem Phasenwechsel in der Mitte des Lebens richtet sich der Blick dann immer häufiger zurück auf frühere Erfahrungen und Begegnungen. Aus Möglichkeiten, die in der Zukunft lagen, ist eine Wirklichkeit geworden, die die Gegenwart prägt, die Fragestellung ändert sich: Was hatte ich mir erhofft, ersehnt? Was ist daraus geworden? Muss es dabei bleiben? War das schon alles oder ist noch ein neuer Anfang zu machen? Lässt sich eine missliche Realität noch korrigieren? Oder sind mir Gewohnheit, Vertrautheit, Verlässlichkeit, Kontinuität wichtiger geworden? Leichter wird das Leben, wenn es möglich ist, das allmähliche Älterwerden zu akzeptieren und sich vom Kult ewiger Jugend zu lösen. Das scheint dem Selbstfreund eher zu gelingen als dem übermäßig Selbstliebenden, der sich anschickt, mit allen Mitteln den Kampf gegen das Älterwerden aufzunehmen, das sein Selbstbild beeinträchtigt.

Das dritte Lebensviertel, *Spätsommer und Frühherbst*, teils noch recht heiß, bunt und bewegt, kann als *Nochzeit* gesehen werden: Noch ist Zeit für das, was wichtig erscheint, noch sind Kräfte dafür da. Dem Noch gilt nun die Sorge, und nicht mehr der Frage, was aus mir mal werden soll. Altersheiter kann ich das Leben noch genießen, wobei die Befriedigung der Appetite auf Essen, Trinken, Sex und Geselligkeit, die beim jüngeren Menschen tendenziell eine Frage der Quantität ist, sich beim älteren mehr auf Qualität verlegt. Will der Jüngere gerne alles anders haben, kann der Ältere die Dinge zunehmend so belassen, wie sie sind, ein Element seiner Gelassenheit – und der unweigerlich nachlassenden Kräfte. Sorgen bereitet lediglich die moderne Innovationswut, alles geht viel zu schnell, Entschleunigung tut not.

Die rechtzeitige Sorge für viel Bewegung, gute Ernährung, vertrauensvolle Beziehungen und geistige Anregungen erhöht die Wahrscheinlichkeit für ein langes und bejahenswertes Leben. Erst im Laufe des Älterwerdens im vierten Lebensviertel, im kühler und einsamer werdenden *Herbst* des Lebens, gilt die Sorge mehr denn je den kleineren und größeren Gebrechen, die sich häufen. Es ist die *Nachzeit*, nach allem, was war und hoffentlich schön war. Das Danach und Darüberhinaus, das nun vor Augen steht, kann Unruhe verursachen, sofern es nicht mit völliger Gleichgültigkeit

47

betrachtet wird. Was wird aus den Dingen, die mir wichtig waren, wenn ich nicht mehr da bin? Was wird aus mir selbst, stürze ich ins Nichts, oder werde ich eine Transformation durchlaufen?

Erst mit dem Ende des Lebens bricht der *Winter* an, der eine Phase der Regeneration sein könnte, jedenfalls in der Natur ist das so. Ist der Mensch nicht auch ein Teil der Natur? Oder sollte einzig und allein bei ihm alles ganz anders sein?

Den größeren Teil des Lebens hindurch ist das Selbst nicht nur ein wirkliches, sondern auch ein *mögliches*, das sich in Tag- und Nachtträumen, Hoffnungen und Sehnsüchten bemerkbar macht. Ich muss entscheiden, ob ich ans Tageslicht bringe, was in mir schlummert, falls ich nicht das ganze Leben im Dämmerschlaf ungelebter Möglichkeiten verbringen will. Aus einer einzigen Wahl, die ich treffe, kann ein anderes Leben hervorgehen, ebenso aus einer Wahl, die ich *nicht* treffe. Meine Wirklichkeit lebe ich, meine Möglichkeiten erschließe ich, indem ich Versuche mache, mich ausprobiere und immer wieder etwas erprobe, das mir interessant erscheint, auch neue technische Errungenschaften, ausgehend von Fragen wie:

Wofür brauche ich das? Was kann ich selbst daraus machen? Was macht das mit mir?

Alle Sorge zielt auf *Selbstverwirklichung*, aber im Sinne des Wortes: Aus den Möglichkeiten des Selbst eine Wirklichkeit zu machen. Nicht alle Möglichkeiten kann ich realisieren, einige muss ich liegen lassen, um den verbleibenden mehr Raum zu geben. Keine Verwirklichung betrifft nur mich, jede auch Andere, die ich so im Blick haben sollte, wie ich mir das von ihnen erhoffe. Jede Verwirklichung ist außerdem auf die Fähigkeit zur *Selbstgesetzgebung* angewiesen, Autonomie im ursprünglichen Wortsinn: Das Selbst (*autos*) gibt sich das Gesetz (*nomos*). Das kann eine Regel sein, der es folgt, um zu realisieren, worauf es ihm ankommt, beispielsweise: »Gestalte dein Leben so, dass es bejahenswert ist.« Beim Übergang von dem, was *ist*, zu dem, was *werden* soll, hilft die Einübung in kleinen Schritten, wie schon bei der Schokoladenmäßigung. Nachhaltige Einübung ist die Formel des Erfolgs. Nur Schritt für Schritt, Tag für Tag, ist eine lange Wegstrecke zurückzulegen. Sonst bleibt es lebenslang bei Silvesterbeschlüssen, die den Neujahrstag nicht überleben.

Ist das Ziel der Sorge für sich die *Selbstzufriedenheit*? Es ist in Ordnung, mit sich und der Welt zwischendurch auch mal zufrieden zu sein, sei es grundlos oder etwa aufgrund einer durchgestandenen Anstrengung. Zufriedenheit ist ein angenehmer Zustand, die kluge Sorge kann jedoch davor bewahren, darin zu versinken. Das Leben muss atmen können: *Einatmen*, zufrieden sein, *ausatmen*, unzufrieden sein, und wieder von vorne. Für ein spannendes, kreatives und produktives Leben könnte zu viel Zufriedenheit hinderlich sein. Umso besser, dass sich früher oder später sowieso wieder eine Unzufriedenheit einstellt. Im Hin und Her zwischen diesen gegensätzlichen Zuständen lässt sich die Selbstsorge auf allen dafür zur Verfügung stehenden Ebenen entfalten: Körperlich, seelisch und geistig.

4. Die Sinnlichkeit des Selbst

Will ich mit mir befreundet sein, komme ich nicht umhin, mich mit meinem Körper zu befreunden. Er ist die Basis des Lebens, ohne ihn kann ich nicht existieren, jedenfalls nicht in der Wirklichkeit von Zeit und Raum, in der ich mich in diesem Leben bewege. Vielleicht ist er nicht der Körper meiner Träume, aber ich habe keinen anderen. Sicher, ich könnte ihn nach meinen Wünschen zurechtschneiden lassen, aber er könnte verschnitten werden. Lieber will ich ihn pflegen und mich der Lüste erfreuen, die er mir gewährt, vorausgesetzt, ich kümmere mich um seine Lustfähigkeit, Ansehnlichkeit, Gesundheit und Haltbarkeit. Er verlangt mir allerdings ab, mich auch mit den anderen Erfahrungen zu befreunden, die er vermitteln kann: Schmerzen, Unansehnlichkeit, Krankheit und Endlichkeit. Trösten kann die Gewissheit, dass kein Körper ausschließlich positive Erfahrungen bereithält. Auch ein perfekt erscheinendes Model entdeckt an sich immer neue Schwachstellen.

Die vierte Anregung für den Weg zur Selbstfreundschaft ermuntert dazu, auf den Körper
zu achten. Kein *Körperkult* steht dabei in Frage,
wie übermäßig Selbstliebende ihn oft zelebrieren,
falls sie nicht alles Körperliche verachten, das sich
ihren idealen Ich-Vorstellungen entzieht. Für die
maßvollere *Körperkultur* des Selbstfreundes sind
vor allem die Sinne von Interesse, diese Öffnun-
gen und Sensoren des Körpers, durch die die Welt
mal mehr, mal weniger lustvoll einströmt und erfasst wird, sofern das Selbst nicht alle Schotten
dichtmacht. Wer oder was auch immer die Sinnlichkeit hervorgebracht hat, Gott oder die Natur,
stellte den Menschen etwas überaus Nützliches
zur Verfügung: Ohne sie fiele die Orientierung
in der Welt schwer. Dass sie zugleich eine bun-
te Palette an lustvollen Erfahrungen ermöglicht,
verlockt zu ihrem häufigen Gebrauch und för-
dert entschieden die Lebensfreude, die das Leben
leichter macht. Für den, der sinnlich lebt, stellt
sich seltener die Frage nach dem Sinn – die Erfahrung sinnlicher Fülle steht in direkter Relation
zur Sinnerfülltheit des Lebens.
Übungen zur besseren Wahrnehmung des Körpers

und zur Kultivierung der Lüste dienen einer Intensivierung der Sinnlichkeit. Auch Techniken können bewusst dazu genutzt werden, statt unter deren unbedachtem Einsatz die Sinne verkümmern zu lassen. Dem Sinn des *Sehens* tut es gut, den Blick auf Displays und Bildschirme, noch dazu zwischen vier Wänden, immer wieder zu unterbrechen und stattdessen in den Gesichtern von Menschen zu lesen, die Fassaden von Häusern zu studieren, die Bilder einer Ausstellung auf sich wirken zu lassen, die unterschiedlichen Formen und Farben von Landschaften in sich aufzunehmen und den unentwegt sich verändernden Wolkenzug am Himmel zu bewundern, ein altes romantisches Projekt, das als *Cloudspotting* in moderner Zeit erneut an Reiz gewinnt.

Am leichtesten fällt es, den Sinn des *Hörens* zu stimulieren, denn die Lieblingsmusik der *Playlist* durchpulst über die Knöpfe im Ohr ohnehin den gesamten Körper. Sorge wäre nur dafür zu tragen, die Gehörgänge nicht damit zu verstopfen und welt- und selbstvergessen etwa die freundliche Kontaktaufnahme eines Mitmenschen oder das gefährliche Herannahen eines Fahrzeugs zu überhören. *Die Welt ist mehr, als in Kopfhörern der Fall ist.* Von allen Seiten dringen Geräusche, Töne, Stimmen, manchmal Stille und, ja, auch Krach ans Ohr. Die Welt und alles, was in ihr ist, spricht auf diese Weise. Es bedarf lediglich einer Entscheidung, hier und da genauer hinzuhören. Bei einem Gang durch den Park, Hand in Hand mit dem Handy, lassen sich mithilfe installierter *Apps* die Songs der Vögel bestimmen, eine Stärkung der Sinnlichkeit mit elektronischen Mitteln. Auf *Electrical Walks*, wie die Klangkünstlerin Christina Kubisch sie anbietet, werden elektromagnetische Felder der Umgebung hörbar.

Und wer nannte den *Geruchssinn* unnütz? Tatsächlich, Aristoteles. Kleiner Irrtum eines großen Geistes. Nützlich sind Gerüche als Andockstellen für Erinnerungen, die einen Menschen lebenslang begleiten und mit ihrer Beständigkeit Lebenssinn begründen. Und als Warnsignale vor Gefahren wie etwa verdorbenen Lebensmitteln. Um die Sensoren der Nase zu üben, genügt es, die Umgebung als »Geruchsorgel« zu begreifen. Eine technische Umsetzung wagte der Multimediakünstler Wolfgang Georgsdorf: Bei *Osmodrama*-Festivals

pusten 64 computergesteuerte Rohre kontrast-
reiche Düfte mit den zugehörigen akustischen
Hintergründen in den Raum. Einem Windhauch
gleich streichen die Moleküle an den Rezeptoren
des Riechorgans entlang: Meeresbrise mit Mö-
wengeschrei, der Luftzug eines Lastwagens, an-
gekokelter Reifengummi, Zitronenfrische, der
Muff einer alten Kirche, frisch gebackenes Brot,
Schwaden von Schweröl aus Schiffsmotoren, eine
vorbeiwehende Spur von Rosenaroma, Moos auf
Waldboden, nasse Socken nach Regengeprassel.
Markant die Erfahrung, dass beißende Reize den
Sinn für Wohlgerüche schärfen. Unvermeidbar ist
nur, zwischendurch wieder ausatmen zu müssen
und prompt eine Duftnote zu verpassen.

Den Sinn des *Schmeckens* übt, wer isst und trinkt,
aber es ist nicht egal, worum es sich dabei handelt: Viele Stoffe, die ein Mensch zu sich nimmt,
werden zu Baumaterialien seines Körpers. Körperliche Sorge heißt daher, nicht nur des Geschmacks
wegen auf die Ernährung zu achten: Was ist drin
in den Lebensmitteln, wie werden sie hergestellt,
welche Wirkung haben sie im Körper? Lange Zeiten mussten Menschen sich mit dem begnügen,

was sie vorfanden, moderne Menschen hingegen müssen wählen, ihre Freiheit durchquert den Magen ihres Selbst. Kenner schwören auf nährstoff- und ballaststoffreiche Ernährung mit viel Gemüse, Salat und Obst. Möglichst ohne Schadstoffe, Zusatzstoffe und Geschmacksverstärker, die der Körper zwangsläufig als Fremdkörper identifiziert, ein möglicher Grund für Allergien. Noch dazu regional und saisonal, um Transportwege zu verkürzen.

Um aus Freundschaft mit meinem Körper die beste Ernährungsweise für ihn zu finden, mache ich mich kundig, probiere vieles aus und achte auf die Wirkstoffe, deren Geschmack die Lust am Essen verstärkt. Ich versuche, mich von den wechselnden Moden der Ernährung nicht verrückt machen zu lassen. Ständig wird eine neue Sau durchs Dorf getrieben, wahlweise eine Ansammlung von Veggieschnitzeln. Grundsätzlich ist es jedoch auch möglich, *Verlegenheitsvegetarier* zu sein, der Salat isst, wenn es denn sein muss, etwa des Körpergewichts wegen und weil die ökologischen Folgen des Fleischkonsums nicht zu übersehen sind, die Massentierhaltung grausam ist und den Einsatz von Hormonen und Antibiotika erforderlich macht. Mag die Zukunft dann Proteinen von Insekten im Vollernährungspulver gehören und ein Sensorstift mit Hautkontakt fehlende Nährstoffe ermitteln.

Großartige Sinnlichkeit ermöglicht der *Tastsinn*, dessen Sensoren über die gesamte Hautoberfläche verteilt sind. Vor allem die Berührungen, die mit Anderen ausgetauscht werden, bestärken die Vertrautheit miteinander und das Gefühl der Existenz: Ich berühre, also bin ich, *tango ergo sum*. Damit es an Berührung nicht mangelt, haben Gott oder die Natur sie mit so großer Verführungskraft ausgestattet, dass sie zum bevorzugten Medium der Erotik avancierte. Umso bedauerlicher, dass Menschen es dennoch an ihr fehlen lassen. Selbst innerhalb einer Beziehung finden sich allzu häufig die Hände nicht und die innigste Berührung entfällt, die nicht nur den Tastsinn, sondern alle Sinne in einem einzigen Akt zur vollen Entfaltung zu bringen vermag. Sollte ein *Sexout* aber unvermeidlich sein, ist er besser zu verkraften, wenn ein volles Maß an Berührung und Sinnlichkeit auch ohne Sex möglich ist.

Ergänzend zu den fünf Sinnen hat die Neurobiologie einen sechsten zum Vorschein gebracht: Der *Bewegungssinn* übernimmt bei jeder noch so einfach erscheinenden Bewegung die Koordination aller Teile des Körpers, die so komplex ist, dass zahllose Neuronen und Synapsen aktiviert werden müssen, die sodann auch für andere Operationen des Gehirns zur Verfügung stehen. Die tiefere Atmung, die Gehirn und Organe mit mehr Sauerstoff versorgt, geschieht durch mehr Bewegung ganz von selbst. Problematisch ist nur, dass moderne Menschen sich anders als in früheren Zeiten kaum noch von selbst bewegen. Bildschirme, Aufzüge, Rolltreppen, Autos, Segways verführen auf Schritt und Tritt zum Verzicht darauf. Jeder Einzelne kann gegensteuern, indem er sich Anreize zur Bewegung schafft, denen er gerne folgt. Auch die von Anderen belächelten Tagesziele an Schritten beim Unterwegssein, an Höhenmetern beim Treppensteigen, dokumentiert per *App*, zählen dazu.

Selbst für einen siebten Sinn ist eine Referenz in Hirnstrukturen gefunden worden: Der *Sinn des Spürens* nimmt Spuren aus dem Körperinneren und der Umgebung auf, die wertvolle Informationen über Innen- und Außenwelt vermitteln. Insbesondere im Bauchraum erheben Tausende von biologischen Antennen des so genannten Sonnengeflechts (*Solarplexus*) in jedem Moment Abertausende von Messdaten und leiten sie zur Verrechnung an das Gehirn weiter. Das »Bauchgefühl« ist keine Erfindung, in ihm artikuliert sich vielmehr das Wissen des Körpers und gelangt in Form von Ahnungen ins Bewusstsein, das mit der Deutung der Signale befasst ist. Nicht das Bauchgefühl ist anfällig für Täuschungen, sondern das gedankliche Ich, wenn es die Sprache des Körpers nicht ernst nimmt oder unzureichend versteht. Ein hohes Maß an Sensibilität für den Körper erscheint daher besser als ein Mangel daran, ein leichter Hang zur Hypochondrie besser als ein Nichtwahrhabenwollen körperlicher Signale.

Und was ist mit Schmerzen? Niemand will etwas von ihnen wissen, aber jeder kennt sie, in welcher Form auch immer. Nicht von vornherein ist ihre Erfahrung sinnlos. Sie machen das Ich auf seinen Körper aufmerksam und drängen es dazu, sich mehr mit ihm zu befassen und pfleglicher mit ihm umzugehen. Sie erzwingen die Besinnung auf das Leben, in dem womöglich etwas falsch läuft. Bei mir vermochte das ein Bandscheibenvorfall. Von Stund an war ich bereit, mich mehr um mich zu kümmern und hierzu meinen Körper genauer kennenzulernen. Was ist dran an ihm, was ist drin? In welchem Zustand sind mein Rücken, meine Muskeln und Faszien, mein Zwerchfell, meine Speiseröhre, mein Magen, mein Darm, meine Lunge, mein Herz? Im Körper hängt vom Kopf bis zu den Zehen alles mit allem zusammen und arbeitet unsichtbar vor sich hin, sodass es leicht übersehen werden kann. Wenn der Körper aber trotz aller Sorge nicht alles bieten kann, was ihm abverlangt wird, dann gilt: Nachsicht mit dem Körper! Er ist auch nur ein Mensch und keine Maschine.

5. Die Beseeltheit des Selbst

Für Sokrates war die Selbstsorge jedoch vor allem Sorge um und für die Seele (*epimeleia tes psyches*). Warum bevorzugt für sie? Was ist mit Seele gemeint? Es könnte so verstanden werden: Die Seele ist das Kraftwerk des Selbst, ohne ihre Energie wäre der Körper tote Materie. Was altert, ist der Körper, der aus Materie besteht, nicht die Seele, die Energie ist, die mit der Zeit aus dem Körper schwindet. Kein Wesen kann ohne Energie leben, also ist sie das Wesentliche, ohne das alles nichts ist. Sie hat ihren Bezugspunkt im Körper, kann sich aber weit über ihn hinaus erstrecken, wie sich an der Ausstrahlung eines Menschen zeigt, und umgekehrt bis zur Punktförmigkeit in den Körper zurückziehen, wie an den müden, erlöschenden Augen eines Menschen zu sehen ist. Kenne ich das nicht auch selbst? Voller Energie fühle ich mich beseelt und lebendig, ohne Energie ausgelaugt und leblos.

Welche Energie? Es sind gut bekannte Formen

wie elektrische Energie, Wärmeenergie, Bewegungsenergie, biochemisch gespeicherte Energie. Woher kommt diese Energie? Im Grunde aus dem Kosmos, der von Energie in allen Formen erfüllt ist, in Erdnähe insbesondere von Sonnenenergie, ohne die es keinerlei Leben auf der Erde gäbe, keine Pflanzen, die mit dieser Energie Sauerstoff produzieren, den Menschen atmen können. Wohin geht die Energie, wenn sie den Körper verlässt? Letztlich zurück in den Kosmos, in den jedes Wesen eingebettet ist. Nur der Körper stirbt, nicht die Energie, das ergibt sich aus dem Energieerhaltungssatz, wonach die Formen der Energie ineinander umgewandelt, nicht jedoch vernichtet werden können. Ihr Urgrund könnte reines Sein, ruhendes Potenzial sein, das von Zeit zu Zeit in physikalischer, chemischer, biologischer Form bis hin zu einem Ich in Erscheinung tritt. Insofern aus der Energie immer wieder neues Leben hervorgeht, kann von einem ewigen Leben gesprochen werden.

Wenn das so verstanden werden kann, gilt die seelische Sorge sinnvollerweise der Energie. Von ihr beflügelt wird das Leben leichter. Nicht das Ich ist das Wichtigste im Leben, sondern die Energie, aus der heraus es lebt und all seine Motivation bezieht: Welche Energie steht mir zur Verfügung? Kann sie frei fließen oder wird sie blockiert? Wo setze ich sie ein? Sinnvoll oder sinnlos, mutig oder zögerlich? Wie kann ich Energie hinzugewinnen, mit welcher Art von Erlebnis, Begegnung, Kommunikation, Aufmerksamkeit, Meditation, Konzentration, Gebet, Erotik, Romantik, Kunst?

Im Leben jedes Menschen ist Energie vor allem in *Gefühlen* erfahrbar. Sie sind Ausdruck der Bewegungen und Schwankungen des Energiefelds, das als Seele bezeichnet werden kann. In der Gefühlswelt zeigen sich die energetischen Gegebenheiten, die die *persönliche Seele* eines Menschen prägen. Das Quantum an Energie, das seine Seele erfüllt, gehört wiederum als ein Tröpfchen dem unendlichen Meer der kosmischen Energie zu, das als *Weltseele* betrachtet werden kann und in manchen intensiven Augenblicken als tiefer Grund, auch Abgrund, der persönlichen Seele fühlbar wird.

Gute Gründe sprechen daher für die fünfte Anregung zur Selbstbefreundung, den Gefühlen im

Selbst Raum zu geben. *Im* Selbst, nicht zwangsläufig auch außerhalb von ihm. Was an den Gefühlen auffällt, ist die Reichhaltigkeit ihrer Erscheinungsformen: Von solcher Bedeutung ist die zugrundeliegende Energie, dass sie sich auf vielfältige Weise bemerkbar macht und Lebensfülle vermittelt. Die *Gegensätzlichkeit* der Gefühle bürgt dafür, dass die Spannung im Energiefeld erhalten bleibt. Die Energie muss fließen können, um zu beleben, und sie fließt am besten zwischen gegensätzlichen Polen wie Vertrauensseligkeit und Ängstlichkeit, Begeisterung und Erschöpfung, Wohligkeit und Unwohlsein, Sehnsucht und Enttäuschung, Liebe und Hass, Selbstsicherheit und Verzweiflung, Heimeligkeit und Fremdheit, Leidenschaft und Gleichgültigkeit, Frivolität und Schamhaftigkeit – um nur einige zu nennen, die jede und jeder kennt. Eine Balance dazwischen ist möglich, wenn die Ausschläge nach der einen und anderen Seite sich halbwegs die Waage halten.

Ein vergleichsweise harmloses Wechselspiel geschieht alltäglich zwischen guter und schlechter Laune. *Variatio delectat*, die Abwechslung erfreut, wussten die Alten, aber in moderner Zeit sind

64

nicht alle erfreut, wenn das Pendel zur schlechten Laune hin ausschwingt. Soll das Leben nicht atmen? Jede Festlegung auf eine Seite käme einem Atemstillstand gleich. Die gute Laune, die Menschen zusammenführt, ist so wichtig wie die schlechte, die sie auf Distanz bringt, sodass der Freiraum dafür entsteht, sich wieder mit sich selbst zu befassen. Wenn *Smileys* überhandnehmen, werden herabgezogene Mundwinkel zur Pflicht: Um die Polarität des Lebens zu bewahren. Der Wechsel zur guten Laune lässt sich im Gegenzug forcieren, wenn die schlechte so sehr vertieft wird, dass das Selbst ihrer überdrüssig wird.

Die Selbstfreundschaft hängt davon ab, neben den Besonderheiten des Körpers die gesamte Reichhaltigkeit und Gegensätzlichkeit der Gefühle akzeptieren zu können. Das Mitgefühl mit sich, das Teil der Selbstempathie ist, hält sich von Wehleidigkeit fern, wenn es auf der Einsicht beruht, dass das Leben ohne die große Spannweite der Gefühle an Spannung verlöre. Viele meinen zwar, auf ungute Gefühle gut verzichten zu können, würden dann aber vor der Frage stehen, ob ein Leben mit ausschließlich guten Gefühlen überhaupt lebbar wäre. Woher wüsste ich, was Freude ist, wenn ich keinen Ärger kennen würde? Lüste wären graue Normalität, wenn es nicht auch Unlust und sogar Schmerzen gäbe. Gute Gefühle sind erfreulich, aber auch schlechte tragen zur Fülle des Lebens bei. Außer Sanftmut daher manchmal auch Wut – auf Andere und die Welt und mehr noch auf sich selbst wegen irgendwelcher Schwächen. Um es dann wieder gut sein zu lassen, sich um Versöhnung zu bemühen und die frei gewordene Energie zur Arbeit an Stärken zu nutzen.

Die große Herausforderung für die Selbstfreundschaft ist naturgemäß nicht die meist positiv bewertete Fröhlichkeit und Hochgestimmtheit, sondern das für negativ gehaltene Traurigsein und Niedergedrücktsein, kurz die *depressive Verstimmtheit*, die pauschal als Krankheit betrachtet wird. Aber nur diejenige Depression kann als schwere Krankheit gelten, deren Symptom die völlige Antriebs- und Gefühllosigkeit ist. Sehr bewegte Gefühle kennzeichnen hingegen den Zustand, der mit einer Krankheit wenig, mit dem menschlichen Sein viel zu tun hat: Ein Leben mit

66

der *Melancholie*, mit dem zeitweiligen oder lang anhaltenden Traurigsein, das grundlos oder in der menschlichen Begrenztheit und Unvollkommenheit begründet ist, lässt sich einrichten, wenn es grundsätzlich akzeptiert wird. Schwieriger ist das Leben mit extremen Gefühlsausschlägen, die eine *manische Depression* charakterisieren und Menschen zwischen Euphorie und Niedergeschlagenheit hin- und herwerfen. Eine Abschwächung und Mäßigung der Extreme bedarf meist therapeutischer und medizinischer Hilfe.

Wie sind Gefühle ansonsten *abzuschwächen*, wenn sie zu stark ausfallen, sodass die Wucht ihrer Energie zerstörerisch für das Selbst oder Andere zu werden droht? Sie müssen Ausdruck finden können, um an Energie zu verlieren. Gelegenheit dazu bieten Schauplätze kunstvoll ausgedrückter Gefühle in Film, Theater, Oper, Musik und Literatur. Noch wirksamer ist es, selbst die Gefühle zur Sprache zu bringen, sie niederzuschreiben, zu zeichnen, zu malen, mit Instrumenten erklingen zu lassen und mit Anderen zu bereden. Und wie sind Gefühle zu *stärken*, wenn sie zu schwach ausfallen? Indem Vorstellungen,

Situationen und Begegnungen gesucht werden, die sie anregen und hervorlocken können. Die Vorfreude etwa auf ein Treffen, ein Spiel, eine erotische Situation bewirkt, dass ein Mensch verstärkt zu fühlen beginnt. Ein großer Reichtum an lebhaften Gefühlen ist engen Beziehungen mit Anderen zu verdanken; Voraussetzung dafür ist nur, diese Beziehungen zu suchen, zu pflegen und nicht vorzeitig zu fliehen, wenn sie gelegentlich schwierig werden.

Die Frage, ob und wie ein Mensch Gefühle *zeigen* soll, wird von Kulturen unterschiedlich beantwortet. In der fortgeschrittenen modernen Kultur wurde das Zeigen zu einem Muss, eine Reaktion auf die zuvor herrschende Norm, Gefühle *nicht* zu zeigen, sondern zu unterdrücken und zu ignorieren. Die Kehrtwende führten Psychotherapeuten herbei, die Vorarbeit dazu leisteten Künstler und Denker der Romantik, die dem kühlen Rationalismus und Pragmatismus der Moderne von Anfang an etwas Wärmendes entgegensetzen wollten. Die Begrenztheit der neuen Wirklichkeit versuchten sie mit dem Gefühl der Sehnsucht zu durchbrechen, und sie forderten dazu auf, Träumen Raum zu geben, da im Sehnen und Träumen die Energie des Lebens erfahrbar und das unbegrenzte Feld der Möglichkeiten erahnbar wird.

Der romantische Impuls breitete sich in der Moderne in genau dem Maße aus, in dem sich mit der Entleerung der Gefühlswelt ein Entschwinden von seelischem Sinn bemerkbar machte. Eine Rehabilitierung wurde im Zuge der Romantisierung allerdings nur der »hellen Seite« angenehmer Gefühle zuteil: Nur sie galten fortan als romantisch, während zur Dramaturgie der Romantik im Spannungsfeld der Gefühle ursprünglich auch deren »dunkle Seite« gehörte. Wünschenswert wäre, die Verengung der Gefühlswelt wieder rückgängig zu machen, wünschenswert zugleich jedoch die Befreiung von der Norm, Gefühle unbedingt zeigen und ihnen folgen zu müssen, worin zuweilen eine Weisheit liegt, zuweilen aber ein Verhängnis. Täuscht der Eindruck, dass übermäßig Selbstliebende dazu neigen, einen Kult um ihre Gefühle zu veranstalten, von denen sie sich leiten und verleiten lassen, um dann ebenso umstandslos zur Gefühlskälte in der Lage zu sein, wenn es ihren Zwecken dient?

Die Sorge des Selbstfreunds richtet sich demgegenüber darauf, die Seele als Heimstatt der Gefühle *graduell* öffnen und verschließen zu können, abhängig von Tagesverfassung und Bedürfnissen, vom jeweiligen Gegenüber und der momentanen Situation. Hilfreich ist hierzu die Ausbildung einer *Muschelkompetenz der Seele*, um Gefühle mal zurückhalten, mal freigeben zu können. Das Können ist am ehesten zu erlernen durch Erfahrung und die anschließende Besinnung: Wo bin ich zu weit gegangen mit meiner Offenheit? Wann habe ich mich zu früh verschlossen? Wem habe ich zu sehr vertraut, wem zu wenig? Auch dieser Prozess ist nie abgeschlossen, mit jeder Erfahrung und Besinnung wächst vielmehr das Gespür für Gefühle, bis das Ich dazu in der Lage ist, jederzeit »aus dem Bauch heraus« eine begründete Entscheidung zu treffen. Sich dazu und zu etlichen anderen Dingen Gedanken zu machen, ist jedoch ein Element der geistigen Sorge.

6. Die Nachdenklichkeit des Selbst

Gedanken können wie Gefühle als Ausdrucksform der Energie gesehen werden, die das Leben trägt. Anders als Gefühle ermöglichen Gedanken jedoch eine Nachdenklichkeit und Reflexionen, mit denen die Energieströme der Seele zu beobachten, zu beurteilen und in den Formen ihres Ausdrucks auch zu beeinflussen sind. Durch Bewusstmachung lässt sich der Umgang mit Gefühlen regulieren, insofern ist die Muschelkompetenz der Seele eigentlich eine des Geistes.
Steigt das Gefühl der Angst auf, kann das gedankliche Ich die Situation nüchtern analysieren – oder dem Angstimpuls folgen. Einem gefühlten Begehren kann es mit einer Überlegung widerstehen – oder ihm nachgeben. Viele Menschen kämpfen mit Schuldgefühlen, aber gibt es wirklich so etwas wie Schuld? Das ist zumindest ein möglicher Gedanke. Schuld ist ein Begriff, aber was sind die zugehörigen Zusammenhänge? Diesen in allen Verästelungen nachzugehen, könnte kom-

pliziert sein, aber das Ich kann den Weg abkürzen und Verantwortung für ein Geschehen übernehmen. *Eine vermeintliche Schuld drückt das
Ich nieder, eine willentliche Verantwortung richtet es wieder auf.*

Die sechste Anregung für den Weg zur Selbstfreundschaft will dazu inspirieren, sich Gedanken
über das Leben zu machen. Fragen an sich selbst
regen das Denken an: Was beobachte ich? Welche
Erfahrungen mache ich? Wie hängt das alles zusammen, was ich wahrnehme und an Informationen bekomme? Was denke ich darüber? Was davon finde ich nachvollziehbar und überzeugend?
Was hat das mit mir zu tun? Was bedeutet das für
mein Leben? Was ist eigentlich Leben, jedenfalls
aus meiner subjektiven Sicht, da ich kaum wissen
kann, was es objektiv ist? Aus welchen Gründen
sehe ich das so? Gibt es auch Gründe für eine andere Sicht? Was ist meine Rolle in diesem Leben?
Was ist mir wichtig, privat und beruflich? Welchen Weg bin ich bisher gegangen? Wohin will
ich noch gehen?

Nachdenklichkeit heißt, stets von neuem solche Fragen zu stellen, um im Denken die Ant-

worten zu finden, mit denen das Leben bewusst
geführt werden kann. Eine immer wieder über-
prüfte Orientierung ergibt sich daraus, auch eine
Orientierung in den Fluten stetig eintreffender
Informationen auf allen Kanälen: Will ich mich
dafür offen- oder davon fernhalten? Ganz oder
teilweise, dauerhaft oder zeitweilig? Nicht alles
betrifft mich, nicht auf alles muss ich antworten,
nicht mit allem mich befassen. Nicht alles muss
ich meinerseits elektronischen Medien anvertrau-
en, nichts davon kann ich jemals zurückholen.
Oder ist es mir egal, was Andere damit anstellen
können? Die Abweisung von Informationen und
die Verweigerung ihrer Herausgabe tun von Zeit
zu Zeit not, und sei es nur aus dem Grund, mich
nicht zu verlieren. Es bedarf dazu einer digitalen
Souveränität, hier in Form einer *kompetenten
Ignoranz*, einer kalkulierten Abweisung und Verweigerung, mit der Überlegung: Wann, wo, gegenüber wem, aus welchen Gründen und mit welcher Befristung?
In Gedanken kann ich auch nach dem *Sinn* fragen und die Antworten finden, die mein Leben
tragen können. Das ist von Bedeutung, da dort,

wo Sinn ist, Energie fließt, erfahrbar als Kraft zur Bewältigung von Schwierigkeiten und zur Verwirklichung von Vorhaben. Antworten auf die Frage nach dem Sinn sind keine letztgültigen Wahrheiten, sondern Versuche, sich einen Reim auf die Zusammenhänge des Lebens zu machen: Folgen sie einer Regel oder dem Zufall, handelt es sich um Zusammenhänge in mir oder außerhalb, stecken Absichten dahinter, sind sie zielgerichtet, kausal, paradox, rätselhaft, tragisch oder einfach nur komisch? Hilfreiche und manchmal trostreiche Gedanken dazu resultieren aus der eigenen Besinnung oder fliegen von irgendwoher zu, etwa in Form von »Sinnsprüchen«, die zur rechten Zeit entdeckt werden, oder von sinnvollen Bemerkungen Anderer im Gespräch. Immer ist da etwas, das zu denken gibt und zu »geistiger Nahrung« wird, derer Menschen bedürfen.

Das eigene Nachdenken kann gezielt und systematisch geschehen – aber ich kann es auch sich selbst überlassen, nicht zuletzt aus der Einsicht heraus, dass das Denken von selbst weit kreativer und produktiver denkt, als ich es bewusst zustande bringen könnte: Nicht *ich denke*, sondern

es denkt. Das freie Denken findet Zusammenhänge gerade dadurch, dass es keine sucht. Be-
freit von meinem Bedürfnis, dass alles von Sinn
erfüllt sein muss, kann es Unsinn denken und dabei möglicherweise neuen Sinn entdecken. Stau-
nend schaue ich den Gedanken zu, die unentwegt
in mir aufblitzen und wie Glühwürmchen verlö-
schen. Die Fülle der Gedanken ist eine Welt für
sich, eine Nachbildung der Evolution im Kleinen,
jeder Gedanke eine Mutation, brauchbar oder
nicht. Erst in der Begegnung mit der Wirklichkeit kommt es zur Selektion, und es zeigt sich,
welcher der gedanklichen Entwürfe weiterführt,
indem er die bestehende Wirklichkeit gut wie-
dergibt und handhabbar macht oder eine andere
entwirft.

Die Gedanken, die ich mir so oder so mache,
kann ich zu *Begriffen* verfestigen, mit deren Hilfe
ich das Leben fassen und beschreiben, auch be-
werten und mit Anderen darüber sprechen kann.
Meine Erfahrungen und Vorstellungen sind darin
gebündelt, ohne dass dies nach außen hin sichtbar wäre. Bereitet mir das Leben Probleme, kann
das auch am Begriff liegen, den ich mir aufgrund

von Erfahrungen zurechtgelegt habe, an meinen Vorstellungen, die ich hineingelegt habe, denen sich das Leben aber nicht fügen will. Stelle ich mir etwa vor, dass das Leben immer nur Freude macht, fällt der kleinste Ärger zur Last. Selbstverursachter Lebensstress kann die Folge sein. Das Leben wird leichter, wenn ich mir *nicht* vorstelle, dass es immer leicht sein muss. Menschen ist oft nicht bewusst, wie bedeutsam die Definition eines Begriffs ist, die nicht nur *kulturell* vorgegeben ist, sondern auch *individuell* vorgenommen werden kann. Mit eigener Nachdenklichkeit kann ein Mensch aus unbewussten Begriffen *bewusste* machen. Verändert er daraufhin etwa seine Auffassung davon, was Leben ist, wirkt dies wiederum auf die allgemeine Auffassung in der Kultur zurück, in der er lebt.

Die Gedanken unterliegen im Übrigen, wie das gesamte Leben, der *Polarität*, soll heißen: Nicht nur positive Gedanken residieren im Selbst, positiv im Sinne von freundlich, freudig, optimistisch in Bezug auf Leben, Selbst, Andere und alle Welt. Sondern auch negative Gedanken, negativ im Sinne von unfreundlich, verärgert, pessimistisch.

Immer nur »positiv zu denken«, wie es bei übergroßer Selbstliebe naheliegt, damit kein Schatten das helle Selbstbild trübt, kostet auf Dauer zu viel Kraft. Will ich mit mir befreundet sein, tue ich gut daran, die andere Seite des Denkens nicht zu unterdrücken. »Negativ zu denken« ist manchen Aspekten des Lebens ohnehin angemessener. Diesem Denken hier und da nachzugeben, ist die beste Vorsorge dafür, mit dem Negativen im Leben, das geschehen kann, gut zurechtzukommen.

Vieles ist gleichwohl eine Frage der Sichtweise. Die Gedanken, die ich mir mache, sind der *Perspektivität* ausgesetzt. Kein Mensch hat den totalen Blick, jeder nur eine eingeschränkte Sichtweise, eine Wahrnehmung, keine alleinige Wahrheit. Das lässt sich daraus schließen, dass bei jeder Suche nach Wahrheit immer noch andere Aspekte zum Vorschein kommen. Auch eine Kugel kann aus keiner Perspektive vollständig erfasst werden, erst viele und gegensätzliche Perspektiven ergeben einen zuverlässigen Eindruck von ihr. Es ist daher sinnvoll, sich um der Wahrheit willen noch für andere Perspektiven zu interessieren. Umso misslicher, dass sich das Interesse daran in

Grenzen hält, wenngleich die Gründe dafür verständlich sind: Meine Perspektive ist eine Art von Heimat, in der ich mich auskenne und geborgen fühle; sie zu verlassen fällt mir schwer, der Aufwand dafür ist groß. Dennoch mache ich die Erfahrung, dass meine Welt mit weiteren Perspektiven reicher wird, so ungewohnt und befremdlich sie im ersten Moment auch erscheinen mögen. Wahrscheinlich kann eine andere Perspektive sogar das Leben retten, sollte die bisherige in eine Sackgasse führen.

In Gedanken kann ich meine Sichtweise probeweise verändern, mich auch wie von außen betrachten, wie das ein Freund kann, von dem ich diesen Blick für die Selbstfreundschaft übernehme. Der Blick von außen ermöglicht *Selfietechniken* der anderen Art, die in diesem Fall nicht dazu dienen, sich strahlend vor dem schönsten Hintergrund darzustellen, sondern sich mit Selbstreflexion so zutreffend wie möglich wahrzunehmen und mit wohlwollender Selbstkritik gegebenenfalls zu korrigieren, um umgänglicher für sich und Andere zu werden. Die Anmaßung, die ich manchmal an mir bemerke – würde ich sie bei

Anderen sympathisch finden? Daraus kann ich Schlüsse für mich ziehen.

Auch eine Haltung zur Endlichkeit des Lebens zu finden, obliegt der Nachdenklichkeit. Der Gedanke an den Tod beunruhigt viele Menschen. Um der Unruhe zu entkommen, beschließen manche, sich *keine* Gedanken zu machen. Aber gerade *nicht* gedachte Gedanken können noch mehr Unruhe stiften. Die Alternative dazu ist, sich Fragen zu stellen: Was beunruhigt mich? Dass das Leben begrenzt und der Tod sinnlos ist? Aber niemand hat ein Wissen über diese Dinge, umso mehr kommt es auf das Denken an: Könnte es sein, dass der Tod sinnvoll ist, weil ein Leben ohne Tod gar nicht lebbar wäre? Macht nicht die Konfrontation mit der Endlichkeit die Schönheit des Lebens erst wahrnehmbar? Kein Sein zum Tode steht dann in Frage, sondern ein Sein zum Leben, das wertvoll ist, weil es begrenzt ist. Was unbegrenzt verfügbar ist, verliert an Wert. Der Tod könnte außerdem der Übergang zu einem anderen Leben sein, da doch auch sonst alles, was endet, der Anfang von etwas Anderem ist. *Wer den Gedanken an den Tod gedacht hat, kann mit neuer Unbekümmertheit durchs Leben gehen.*

Welche Gedanken am meisten zur Selbstfreundschaft beitragen, wird deutlich, wenn das Selbst von einem »guten Geist« durchdrungen ist, von einer *Eudaimonia* im Wortsinne, von der Aristoteles in der *Nikomachischen Ethik* sprach. Was meist als »Glück« übersetzt wird, ist weit mehr, nämlich ein Verständnis für die Zusammenhänge des Lebens und ein Gefühl des Eingebettetseins in sie. Heiterkeit und Gelassenheit entstehen auf diese Weise: *Heiterkeit* als Grundstimmung des Einverstandenseins mit dem Leben, in Zeiten der Fröhlichkeit ebenso wie in solchen der Traurigkeit; *Gelassenheit*, die es lassen kann, immer alles anders haben zu wollen. Die Gedanken, denen ich bereitwillig Raum gebe, finden nach anfänglichen Irritationen von selbst die Antworten, die eine heitere Gelassenheit begründen. Auf dieser Basis wird die Selbstdefinition möglich, die auf ein vorsätzliches Nachdenken angewiesen ist.

7. Die sieben Punkte der Selbstdefinition

Gedanklich, rückgekoppelt mit Gefühlen, kann ein Mensch Festlegungen für sich treffen, die seine inneren Auseinandersetzungen befrieden und ihm mehr Selbstgewissheit geben. Auch auf diese Weise wird das Leben leichter. Über seine Wirklichkeit hinaus kann er sich Möglichkeiten vorstellen, die ihm erstrebenswert erscheinen. Sie können ehrgeizig ausfallen, sollten aber irgendwann realisierbar sein, um nicht allzu großen Enttäuschungen Vorschub zu leisten. Mit diesem Bild von sich muss ein Mensch nicht mehr in mysteriöse Tiefen abtauchen, um sich zu entdecken. Sollte er sich in den Irrungen und Wirrungen des Lebens verlieren, vermag er sich am Leitfaden seiner Festlegungen wiederzufinden. Und kann von Zeit zu Zeit überlegen, ob der eine oder andere Pinselstrich des Bildes einer Korrektur bedarf. Das Ziel ist nicht, ein immer gleiches Bild seiner selbst, eine gleichbleibende *Identität* (von lateinisch *idem*, gleich), wie eine Monstranz vor sich herzutragen. Das Gleichbleiben würde erfordern, jede Veränderung und Entwicklung aus dem Leben auszuschließen. Auch von jeder Begegnung mit Anderen wird das Gleichbleiben bedroht, daher kann das Beharren auf einer Identität Einsamkeit zur Folge haben. Die Alternative dazu ist, eine *Integrität* zu definieren, in die Andere und die unterschiedlichsten Aspekte des Selbst, auch Widersprüche einbezogen werden können. Integrität befördert Gemeinsamkeit, zuerst im eigenen Selbst, sodann mit Anderen, die an einem Selbst mit Ecken und Kanten, das für Veränderungen offen bleibt, gut einhaken können. Die siebte Anregung für den Weg zu mehr Selbstfreundschaft läuft daher darauf hinaus, dem Selbst klare Konturen zu geben. In siebenfacher Hinsicht bedarf es dafür einer Definition, die nur der einzelne Mensch für sich selbst vornehmen kann.

1. Definition der *wichtigsten Beziehungen* im eigenen Leben: Welche Beziehungen der Liebe, der Freundschaft und Verwandtschaft sind mir so wichtig, dass ich sie als Teil meines Selbst betrachten will? Niemand außer mir kann diese Festlegung treffen, nur ich selbst kann den Menschen,

die ich am meisten wertschätze, die Aufmerksamkeit zukommen lassen, die im Gegenzug ihre Zuwendung wahrscheinlicher macht. Dass es sich um mehr als einen handelt, entlastet jeden Einzelnen von zu hohen Erwartungen. Dass die Selbstdefinition von vornherein Beziehungen zu Anderen im Blick hat, ergibt sich aus der Freude daran und aus der Einsicht, dass ein Leben für sich allein schwierig ist. Wer in einem Netz von Beziehungen lebt, verfügt über ein soziales Immunsystem, mit dessen Hilfe sich Stress und Ärger, die unweigerlich im Leben entstehen, leicht wieder abschütteln lassen. Ich werde angefeindet? Aber hier ist jemand, der mich mag, vielleicht liebt, was kümmert mich der Rest der Welt!

2. Definition der *wichtigsten Erfahrungen* im bisherigen Leben, guten und schlechten: Welche sind feste Bestandteile meiner selbst, ohne die ich nicht geworden wäre, was ich bin? Sollte ich zwischendurch im Unklaren über mich sein, kann ich mir mit einer Erinnerung daran wieder mehr Klarheit verschaffen: »Das bin ich, das hat mich geprägt.« Für mich selbst zählt eine dreimonatige Indienreise dazu, die ich schon als Student unter-

nahm. Es war ein Kulturschock, und ich begriff ein für alle Mal, dass in einer anderen Kultur alles ganz anders gesehen werden kann, das Leben, das Zusammenleben, die Liebe, die Religion, die Politik, die eigene Position in der Welt, der Tod, das Danach. Seither ist für mich gewiss, dass jede Überheblichkeit gegenüber anderen Kulturen fehl am Platz ist und eine erneuerte Lebenskunst nicht nur die eigene Gesellschaft, sondern auch die Weltgesellschaft im Blick haben muss.

3. Definition des *Wohin, Wofür, Wozu* im persönlichen Leben: Was ist mein Traum, dem ich im Leben folgen will, meine Sehnsucht, auch mein Glaube, mein Weg, den ich gehen will, mit einem bestimmten Ziel oder auch ohne? Sobald für das Allernötigste gesorgt ist, brauchen Menschen Ziele und Zwecke, für die zu leben ihnen sinnvoll erscheint. Sie wollen wissen, wofür sie leben, arbeiten, vielleicht auch leiden, sodass sie sich sagen können: »Das, was ich mache, ist für etwas gut. Dafür bin ich da, das ist meine Aufgabe, die ich übernehme; die Pflicht, der ich nachkomme; das Werk, an dem ich arbeite; die Idee, für die ich kämpfe.« Es ist wichtig, sich dessen bewusst

zu sein, um das eigene Leben darauf ausrichten zu können. Der Mut, Mühen auf sich zu nehmen und Schwierigkeiten zu überwinden, wird gefestigt von Zielen und Zwecken, und wo ein solcher Sinn ist, da ist auch Trost in schwieriger Zeit.

4. Definition der *Werte*, an denen das Verhalten orientiert werden kann: Welche halte ich für wertvoll, welche sollen Vorrang haben, wenn ich mich entscheiden muss, etwa zwischen Freiheit und Bindung, Risiko und Sicherheit, Geiz und Großzügigkeit? Viele beklagen, die Gesellschaft habe keine Werte mehr, aber es könnte sein, dass zu viele Menschen in ihr keine mehr haben. Oder ihre individuellen Werte umstandslos zu allgemeinen machen wollen. Oder die Festlegung eines Vorrangs bestimmter Werte scheuen, sodass sie keinen Ausweg aus einem Dilemma finden können. Oder allenfalls theoretisch Werte proklamieren, ohne sie praktisch zu realisieren. So bejahenswert Werte auch sein mögen, so abhängig sind sie von ihrer Wertschätzung und Verwirklichung durch Einzelne. Diese sorgen mit dem nebensächlich erscheinenden, tatsächlich aber grundlegenden Wert der Verlässlichkeit für tragfähige

Beziehungen, in Institutionen für deren Funktionsfähigkeit. Sie verwirklichen individuelle Werte wie Wahrhaftigkeit, Mut und Treue, soziale Werte wie Solidarität, Gemeinsinn und Respekt, demokratische Werte wie Toleranz, Transparenz und Kompromissbereitschaft.

5. Definition der *Gewohnheiten* für das eigene Selbst: Welche will ich sorgsam pflegen, um mich wohnlich in ihnen einrichten zu können? Natürlich ist es wichtig, offen für Neues zu sein, aber Gewohnheiten erleichtern das Leben, da sie im Unterschied zu Neuem keine Kraft kosten: Nichts muss überlegt und organisiert werden, alles läuft wie von selbst ab. In den Turbulenzen des modernen Lebens sorgen Gewohnheiten für Rückzugsmöglichkeiten und Rhythmus. Für mehr Aufregung im Leben muss nur die gewohnte Ordnung der Dinge durchbrochen werden, etwa indem der Wohnungsschlüssel an einem ungewohnten Ort abgelegt wird oder täglich ein Frühstück inszeniert wird wie noch nie, immer mit einem neuen Gegenüber. Sollte eine Gewohnheit lebenshinderlich oder beziehungsfeindlich sein, ist ihre Umstellung möglich. Es erfordert allerdings einigen

Aufwand an Zeit und Kraft, bis die veränderte Gewohnheit wieder zu einem Eckpunkt des Selbst geworden ist.

6. Definition der *Ängste, Verletzungen und Traumata*, deren Erfahrung ein Teil des Lebens sein kann. Es liegt nahe, sie loswerden zu wollen; sollte das aber nicht gelingen, bleibt noch, sie in das Selbst zu integrieren, statt sich endlos daran abzuarbeiten: »Auch das gehört zu mir.« Mit therapeutischer Hilfe lässt sich die Wucht der Erfahrungen abmildern. Mit juristischer Hilfe kann gegen ein widerfahrenes Unrecht vorgegangen werden. Mit einer Umdeutung ist aus unguten Erfahrungen ein Antrieb zur Selbstbehauptung zu gewinnen. Mit der erworbenen Sensibilität wird es möglich, Anderen beizustehen, die ähnlichen Erfahrungen ausgesetzt sind, sowie sich für die Veränderung von Lebensbedingungen einzusetzen, die solche Erfahrungen begünstigen. Zur besseren Bewältigung des Unguten aber trägt in jedem Fall das Gegengewicht bei, das durch Schönes erfahrbar wird.

7. Definition des *Schönen* für das Selbst, ausgehend von Fragen an sich selbst: Was ist in meinen

Augen schön? Wo finde ich es? Was kann ich dafür tun, es zu finden? Was sind für mich schöne Momente, Anblicke, Tätigkeiten, Erfahrungen, Genüsse, Gespräche, Gedanken, die ich bejahe? Was ist das Naturschöne, das menschlich Schöne, das Schöne von Kunst und Kultur, auch von Technik, von realen Dingen und irrealen Phantasien, von stimmungsvollen Situationen und hinreißenden Erlebnissen? Bewusst wahrgenommen, kann das Schöne jeder Art zu einer Quelle von Kraft werden, mit der sich auch größte Schwierigkeiten überstrahlen, übertrumpfen und überwinden lassen. Es ist das Bejahenswerte, das eine unverzichtbare Ressource darstellt, um mit Ängsten, Verletzungen und Traumata zurechtzukommen. Die Bereitschaft, überhaupt etwas zu bejahen, in welcher Situation auch immer, ist eine nie versiegende Quelle für das Leben, aus der immer neue Energien zu schöpfen sind.

Im praktisch gelebten Leben geschieht die Selbstdefinition jedoch nicht durch das Abhaken der genannten Punkte, sondern dadurch, dass ein Mensch sich die eigene *Geschichte* erzählt. Er wird erkennbar und unverwechselbar durch seine Geschichte: »Das bin ich, das ist meine Geschichte.« Im Laufe der Erzählung sucht und findet er sich, und es wird ihm bewusst, welche Rolle jeder einzelne Punkt der Selbstdefinition für ihn spielt. Noch wirksamer ist es, die Geschichte einem Anderen erzählen zu dürfen, der mit seiner Aufmerksamkeit den Erzählenden zur Selbstaufmerksamkeit anregt. Im Spiel von Frage und Antwort erhält der Erzählende mehr Aufschluss über seine Bedingungen und Möglichkeiten, sein Selbst- und Lebensverständnis. Der Andere bringt Unstimmigkeiten zum Vorschein, die die Integrität des Erzählenden in Frage stellen, und macht ihn darauf aufmerksam, dass manches auch anders gedeutet werden kann, oder dass er sich untreu wird, wenn er seinen Traum vergisst und einst hochgehaltene Werte vernachlässigt. Durch die Antworten auf die Fragen gewinnt das Selbst die Klarheit, die ihm ermöglicht, mit neuer Zuversicht durchs Leben zu gehen.

An der Notwendigkeit der Selbstdefinition ändern neue Medien nichts. Auch im Umgang mit technischen Dingen, dem Smartphone vorneweg und was da sonst noch kommen mag, muss ein

Mensch definieren, auf welche Weise und in welchem Maße er davon Gebrauch machen will. Er kann die Technik als etwas betrachten, das zum *Kern* seines Selbst gehört, wenn er wesentlich mit elektronischen Medien oder sogar *in* ihnen leben will. Er kann die Geräte als Instrumente der intensiveren Kommunikation mit Anderen, ihren Gebrauch als eine lieb gewordene Gewohnheit, ihren äußeren Anblick als eine der Schönheiten seines Lebens definieren. Aber er kann sich auch dafür entscheiden, dass die Technik an der *Peripherie* seines Selbst bleiben soll, wo sie ihn nicht existenziell betrifft, sondern allenfalls tangiert, etwa als Ergänzung seiner Existenz, als nützliches Hilfsmittel und spielerisches Accessoire. Je bewusster er seine Haltung in solchen Fragen festlegt, desto bejahender kann sein Verhältnis zu sich selbst ausfallen. Sich ohne übertriebene Selbstliebe bejahen und in diesem Sinne schön finden zu können: Darauf kommt es für die Befreundung mit sich an.

8. Wiederkehrende Fragen: Bin ich schön?

Schön ist das Ich, das sich bejahen kann. Viele Menschen können das nicht. Sie finden nichts Bejahenswertes an sich. Etwas stört sie, oder alles ist falsch. Sie stehen vor dem Spiegel, bevor sie aus dem Haus gehen, und je länger sie schauen, desto mehr sehen sie, dass nichts passt, aber sie müssen jetzt los. Andere kennen das Problem nicht, vor dem Spiegel genügt ihnen ein Blick, um zum Schluss zu kommen: Passt, alles in Ordnung, außerdem muss das jetzt auch nicht so genau geklärt werden. Macht nicht sogar ein Mangel an Perfektion die Schönheit aus? Auch sie braucht Kontraste, weniger schöne Partien heben die schöneren erst hervor. Wird das Schöne hingegen inflationär, nutzt es sich ab, also besser nicht übertreiben, nicht zu viel Kosmetik, nicht zu viel Fitness. Das Maß der Schönheit liegt irgendwo zwischen dem Zuwenig, das Mangel spüren lässt, und dem Zuviel, das Überdruss erzeugt.

Der achten Anregung für mehr Selbstbefreundung folgt ein Mensch, wenn es ihm möglich wird, sich selbst zu bejahen. Wer oder was kann ihm dazu verhelfen? Schönes kann er *in sich* entdecken, etwa in seinen Ideen und Sehnsüchten, oder *an sich*, etwa in Details seines äußeren Erscheinungsbildes. Auch Schönes *im Umfeld* kann dazu führen, sich selbst schön zu finden, etwa wenn es möglich ist, sich als Glanz in den Augen eines Anderen gespiegelt zu sehen, der sich über die Begegnung freut. Ein Mensch kann sich allein und gemeinsam mit Anderen um das räumliche, soziale und berufliche Umfeld bemühen, in dem er sich mehr als anderswo bejahen kann. Der Einsatz dafür muss nicht darauf hinauslaufen, dass alles passt, Veränderungen müssen keine idealen Verhältnisse herbeiführen. Aber Andere, das Leben und die Welt mit allen verbleibenden Unzulänglichkeiten bejahen zu können, wird leichter durch die Bejahung seiner selbst nebst allen hartnäckigen Mängeln.

Bin ich schön? Eine Antwort darauf sollte ich nicht von Anderen erwarten, sondern von mir selbst. Nicht alles an und in mir muss bejahenswert sein, nicht alles muss ich schön finden, nur einiges, das ich bejahen kann und das ausreicht, um andere Seiten auszugleichen. Auch ein Freund muss nicht rundum bejahenswert sein, dennoch ist er mein Freund, das allein ist bereits schön; ebenso verhält es sich mit der Selbstfreundschaft. Das schöne Selbst, das ich für mich selbst sein kann, ist zugleich das *wahrhaftige Selbst*, zu dem ich stehen kann. Wie wahre Freunde untereinander, verhält es sich aufrichtig gegenüber sich selbst, belügt und betrügt sich nicht, und dies nicht aus moralischen Gründen, sondern weil es damit eine verlässliche Lebensbasis gewinnt.

Die kritische Selbstbefragung, die das gedankliche Ich immer wieder vornimmt, dient nicht dazu, sich für seine Schwächen und Fehler zu verurteilen, sondern dazu, sich deutlicher zu sehen und auf dieser Basis besser mit sich umzugehen. *Verurteilung verschließt Menschen, Empathie öffnet sie, das gilt auch in Bezug auf das Selbst.* So muss es seine Kräfte nicht mehr in endlosen Kämpfen mit sich aufreiben, sondern kann frei über sie verfügen. Die innere Klarheit wird in seiner Ausstrahlung sichtbar.

Dass die Ausstrahlung eines schönen und wahrhaftigen Selbst nicht auf eine glanzvolle Außendarstellung angewiesen ist, führte der Popmusiker Bruce Springsteen in seiner Autobiographie *Born to Run* (2016) vor. Freimütig bekannte er, dass die Auftritte auf der Bühne nur Theater seien, in Wahrheit werde er zwischen den Gegensätzen seines Lebens hin- und hergeworfen, zwischen italienischer Lebensfreude und irischer Melancholie, Erbstücken seiner Mutter und seines Vaters. Immer wieder versinke er in Depressionen und zweifle zutiefst an sich selbst. Der Musik sei jedoch eine lebensspendende Kraft eigen, die einen Menschen in solchen Situationen retten könne. Letztlich handle es sich bei allem, was man erlebe, bei allen Schmerzen, die man erleide, auch bei allen Fehlern, die man mache, um Elemente eines größeren Zusammenhangs, um Stationen einer Reise, zu der das Leben werde.

Um ein schönes und wahrhaftiges Selbst bemüht ein Mensch sich zuallererst für sich selbst, sodann aber auch für Andere, denn wie sollten sie gerne mit ihm leben und Interesse an ihm zeigen, wenn nichts Bejahenswertes an ihm zu entdecken wäre? Zwar kann er behaupten, es sei ihm egal, was Andere über ihn denken, dennoch ist er davon nicht völlig unabhängig. Das Denken Anderer wirkt auf ihn zurück, direkt oder indirekt. Das gilt in erster Linie für diejenigen Anderen, die er kennt und an denen ihm liegt, in zweiter Linie für alle, die jetzt oder künftig ihn und sein Tun bedenken und beurteilen, mit weitreichenden Folgen: Erst durch die Zustimmung seiner Rezipienten und das Urteil der Nachwelt werde er zum Künstler, meinte der in der damaligen DDR tätige Maler Wolfgang Mattheuer. Um der Bedeutung dessen, was Andere denken, Rechnung zu tragen, kann das Ich seine Frage »Bin ich schön?« daher ergänzend auch so verstehen: »Bin ich bejahenswert für Andere?«

Das kann zunächst eine Frage der *äußeren* Schönheit sein, wenn Andere das Ich in der gegebenen Situation nur äußerlich wahrnehmen können. Das Erscheinungsbild ist ein ansprechendes, wenn das Ich es entsprechend gestaltet, es sei denn, dass es vorsätzlich abweisend wirken will, um jedes Interesse an sich zu unterlaufen und für eine Weile ungestört für sich zu sein. Manche finden es oberflächlich, mithin verwerflich, etwas für die äußere Schönheit zu tun, etwa mit modischen und kosmetischen Mitteln. Eine Oberfläche herzustellen, ist jedoch unerlässlich für die Begegnung und Kommunikation, fürs Lebenkönnen überhaupt, um abgründige Tiefen im eigenen Ich wie auch empfindliche Differenzen mit Anderen zu überbrücken. Ein *verschönertes* Selbstbild vergrößert die Möglichkeit der Bejahung eines Menschen durch sich selbst und Andere. Es unterscheidet sich vom *geschönten* Selbstbild, das die fehlende Selbstbejahung durch eine künstliche Schönheit zu verdecken versucht. Das aber ist nicht etwa nur für Andere trügerisch, sondern auch für das Ich, das von sich bitter enttäuscht ist, wenn es bemerkt, beispielsweise in einer Lebenskrise, dass es sich sein schönes Selbst immer nur vorgegaukelt hat.

Am ehrlichsten ist zweifellos die *innere* Schönheit, die nach außen strahlt und durch eine Äußerlichkeit allenfalls noch betont wird. Bei ihr wird spürbar, dass eine Fülle zum Vorschein kommt, die für die tiefe Verankerung der Schönheit und ihre lebenslange Haltbarkeit bürgt. In den *Gefühlen*, die ein Mensch zeigt, und sei es sehr verhalten, wird der Reichtum seiner Seele erkennbar. In den *Gedanken*, die er äußert, und sei es nur andeutungsweise, wird der Schatz seines Geistes erahnbar. Auf die *Wahrheit* seiner Äußerungen verweist die Art und Weise seines Verhaltens. Die innere Schönheit begründet auch den *Charme*, mit dem ein Mensch jedes mögliche Gebrechen überstrahlen und mühelos eine Brücke zu Anderen bauen kann. Tückischerweise erweckt der übermäßig Selbstliebende ebenfalls diesen Anschein mit einem überschäumenden *narzisstischen* Charme, um Andere zu ködern und sich ihrer Energie zu bemächtigen, während der Selbstfreund mit *altruistischem* Charme seine überschüssige Energie gerne mit Anderen teilt.

Den ersten Schritt zur Selbstbejahung von innen her macht das Ich mit seiner Frage, die es nun nicht mehr rein äußerlich versteht: »Bin ich schön?« Was für ein existenzieller Ernst mit diesem Schritt verbunden ist, welche Energien fürs Leben dadurch freigesetzt werden und welche Lebensfreude daraus hervorgeht, führte die Malerin Paula Modersohn-Becker mit ihrem Leben und ihrer fortdauernd beeindruckenden Kunst vor. Die von ihr empfundene Schönheit wird sichtbar in ihrem *Selbstbildnis mit Perlenkette* von 1905, in dem sie aus großen tiefen Augen freundlich fragend auf sich blickt. Sich selbst bejahen zu können, nimmt sehr viel Gewicht von der Folgefrage, die ansonsten allzu schwer auf einem Menschen lastet.

9. Bin ich glücklich?

Diese Frage kann Menschen ins Unglück treiben. Die Dosis macht das Gift. Hochdosiert verdirbt die Frage nach dem Glück das Leben, denn allzu große Hoffnungen können nur zu schmerzlichen Enttäuschungen führen. In wohldosierter Form bringt die Frage jedoch eine willkommene Abwechslung in den Alltag. Zeiten des Glücks werden möglich, wenn ein Mensch weiß, wie er in das Alltagsgrau etwas Farbe bringen kann, mit einem leckeren Essen, einem belanglosen Plaudern, einem tiefschürfenden Gespräch, einer innigen Nacht und vielem mehr. So ist er bestens dafür gerüstet, Herausforderungen zu bestehen, die ihn nicht immer vor Glück bersten lassen. Und dafür, manchmal eine Herausforderung für sich selbst zu sein, eine Aufgabe, die in Freundschaften ansonsten einer für den Anderen übernimmt.

Niemandem soll die Möglichkeit zum Glücklichsein vorenthalten werden, das ist der Sinn eines Rechts auf *Streben* nach Glück. Manche verstehen darunter allerdings ein *Recht auf Glück*, das gegenstandslos ist, da es bei keiner Instanz eingeklagt werden kann, am wenigsten beim Leben selbst. Jeder Mensch kann darauf hoffen, glücklich zu werden, beispielsweise in einer Beziehung, aber anstelle eines Rechts darauf ist nur eines gewiss: Dass mit unterschiedlichen Erfahrungen zu rechnen ist, speziell in einer Beziehung.

Glücklich sein zu können, ist ein Teil des menschlichen Seins, unglücklich sein zu können ebenfalls. Daran kann auch eine Überwachung der eigenen Glücksbilanz nichts ändern, die ohnehin mehr nach Buchhaltung als nach Leben aussieht. Die Polarität des Lebens zwischen Glück und Unglücklichsein anzuerkennen und mit beiden Polen zurechtzukommen, ist ein Element der Selbstfreundschaft, mit besten Auswirkungen auch auf das Beziehungsleben. Die neunte Anregung für die Selbstbefreundung stiftet daher zum Versuch an, anders glücklich zu sein.

Jedem ist so viel Glück zu gönnen wie nur möglich, aber es kann sich dabei nicht um das immerwährende *Wohlfühlglück* handeln, das nie mehr in Frage stünde. Vor sich selbst und Anderen die Illusion eines solchen Zustands aufrecht-zuerhalten, ist möglich, raubt jedoch Ressourcen. Der Illusion dienen unter anderem *Selfies*, diese rasch arrangierten Selbstbildnisse, mit denen ich mich und Andere wissen lassen will, wie gut es mir geht und dass ich an einem tollen Ort dem schönen Leben fröne, der Hintergrund ist wich-tig. Es sind glückliche Bilder von einem nicht im-mer komplett glücklichen Leben, andere will ja niemand sehen. Aber ein wahrhaftiges Selbst ge-steht sich ein, dass es zuweilen nur sich selbst sein Glück beweisen und vielleicht vor Anderen damit angeben will. Ein anderes Glück wird möglich durch die Einsicht, dass glückliche Zeiten an Wert gewinnen, wenn es auch unglückliche gibt. Und dass die Sensibilität für unglückliche Andere durch eigene Erfahrungen mit diesem Zustand größer wird. Hoffe ich nicht selbst auf Verständ-nis und Mitgefühl, wenn ich unglücklich bin? Selbstverständlich geht es darum, das Leben zu ge-nießen, aber nicht ständig muss ich glücklich sein, nicht unentwegt »gut drauf sein«. Das Glücks-gefühl kann vieles, aber es kann nicht perma-nent präsent sein. Es braucht Erholung. Ihm die

Pausen dafür bereitwillig zu gewähren, bereitet den Boden für künftige Genüsse. Die Pausen zu verweigern, führt zur Suche nach stärkeren Reizen, deren Genuss dennoch bald schal ausfällt. Das Problem ist, dass das von Ratgebern und Medien propagierte Glück keine Pausen mehr vorsieht. Vor allem die übermäßig Selbstliebenden sind der Angst ausgesetzt, in Auszeiten zu viel zu verpassen. Sie erliegen der Versuchung, sich ohne Unterlass mit der Frage nach dem Glück zu martern. So können sie keinen Augenblick des Glücks mehr genießen, ohne vom Gedanken besessen zu sein, unbedingt glücklich sein zu müssen, während der Selbstfreund sich sagen kann: »Wenn ich jetzt nicht glücklich bin, dann ist das eben so, ich mache mir keinen Stress daraus.«

Je mehr Aufmerksamkeit dem Wohlfühlglück zuteilwird, das nur zeitweilig zu finden ist, desto mehr gerät in Vergessenheit, in welchem Umfang Glück auch ein *Zufallsglück* ist, über das niemand beliebig verfügen kann. Eine Selbstbesinnung ergibt Aufschluss darüber, was im eigenen Leben bisher Zufall, was das Resultat sorgfältiger Planung war. Ein planvolles Vorgehen ist möglich, aber Zufälle machen einen Strich durch die Rechnung und können dabei nicht nur Möglichkeiten vernichten, sondern auch andere auftun. Enttäuschungen und Misserfolge gehen aus dummen Zufällen hervor, die gleichwohl klug machen können, wenn ein Mensch sich fragt, was sich daraus lernen lässt. Es hat *auch* mit Zufällen zu tun, wenn er eine gute Bildung erfährt, Chancen auf dem Arbeitsmarkt erhält und freundlichen Anderen begegnet, die ihm weiterhelfen, erst recht, wenn er den ganz besonderen Menschen kennenlernt, mit dem er durchs Leben gehen will. An allem, was gutgeht und schiefläuft, sind Zufälle beteiligt, die so heißen, weil sie einem Menschen zufallen, niemand weiß woher und warum, niemand kann sie bestellen oder herstellen, niemand verstehen.

Sind es wirklich Zufälle? Sie könnten Schicksal oder sonst wie Fügung sein, aber es ist nicht möglich, die Fäden mit letzter Gewissheit bis zu einem schickenden und fügenden Ursprungspunkt zurückzuverfolgen. Möglich ist immerhin, über die eigene *Haltung* zum Zufall selbst zu bestimmen. Ich kann die Arme ausbreiten, mich offenhalten für das, was kommt, voller Zuversicht, dass das Leben mich für alles auch gut rüsten wird. Die Alternative dazu wäre, die Arme zu verschränken und mich zu verschließen, aber das brächte spürbare Einbußen an Leben mit sich. Auszuschließen wäre selbst bei einer solchen Abwehr nicht, dass etwas geschieht, das mich fordert. Zwar wäre es möglich, mich dagegen aufzulehnen, aber unmöglich, es ungeschehen zu machen, und so käme ich mit meiner Abwehr nicht weiter. Sogar dann, wenn ein Zufallsglück günstig ausfällt, ist es ratsam, sich nicht zurückzulehnen, alles in bester Ordnung zu wähnen und gerade damit das Glück wieder zu verlieren.

Angesichts der Schwierigkeiten mit dem Glück wollen manche es lieber als »Zufriedenheit« definieren. Aber was wäre gewonnen, wenn es gelänge, immer zufrieden zu sein? Das Leben käme zum Stillstand. Unzufriedenheit ist der Antrieb zu neuen Anstrengungen, das zeigt sich im gesamten Leben, in der Liebe und in allen Künsten.

Wer unter diesen Bedingungen glücklich sein will, kann dies am besten mit einer anderen Art von Glück erreichen: Das *Glück der Fülle* resultiert daraus, zwischen den Polen des Positiven und Negativen hin- und herpendeln zu können, eine Zufriedenheit zu finden, die auch der Unzufriedenheit ihr Recht zugesteht, eine Freude, die auch das Traurigsein mit einbezieht, ein Glück, das auch das gelegentliche oder anhaltende Unglücklichsein zu schätzen weiß. Das Leben geht ohnehin diesen Weg, die Frage ist nur, ob ein Mensch mitgeht oder dagegen ankämpft. Mitgehen zu können macht das Leben leichter, zu erreichen vor allem dadurch, auch negative Erfahrungen für lebenswert zu halten. Und sei es nur, weil die positiven durch sie stärker fühlbar werden.

Das ist der andere Weg des Glücks. Entscheidend dafür ist erneut die eigene *Haltung*, mit Blick auf die Gegensätze, die die Fülle des Lebens ausmachen: Kann ich sie grundsätzlich akzeptieren? Dann hängt nicht mehr alles davon ab, dass das Zufallsglück günstig ausfällt, und auch nicht davon, dass ich mich stündlich und täglich wohlfühle. Vielmehr kann ich damit leben, dass zur *Fülle* noch ganz andere Erfahrungen gehören und gerade die schönsten *Schaumkronenerlebnisse* unschöne Erfahrungen nicht ausschließen. Langweilig ist dieses Hin und Her nie, häufig kreativ und produktiv. Wodurch sollte das Glück der Fülle jemals in Frage gestellt werden? Was zur Fülle beiträgt, bestärkt dieses Glück, geschwächt wird es nur von Gleichförmigkeit, die aber nicht die Sache von Menschen, sondern die Eigenheit von Maschinen ist. Jede Art des Glücks trägt auf ihre Weise zum erfüllten Leben bei, nach dem Menschen immer aufs Neue fragen und das noch einige weitere Aspekte in sich birgt.

10. Führe ich ein erfülltes Leben?

Was wirklich zählt im Leben: Worin ein Mensch Erfüllung findet. Er findet sie in allem, was ihn ausfüllt, worin er Sinn sieht, was in seinen Augen schön ist, was ihn zutiefst befriedigt. Hier haben die verschiedenen Arten von Glück und Sinn ihren Platz, intensive sinnliche Erfahrungen und starke Gefühle, vertraute Beziehungen und spannende Unternehmungen, das Versinken in einer Tätigkeit und das Sinnieren ins Grenzenlose. Manche berichten sogar von der glücklichen Auflösung ihres Ichs in der Unendlichkeit des Internet, in dem sie wie im All umherschweben.

Alle Arten der Erfüllung gehen mit der Erfahrung von Selbstvergessenheit, Allverbundenheit und Intensität einher. Die Intensität verweist auf die Energie, von der die Erfüllung bewirkt wird, vermutlich, weil sie das Wesentliche, Eigentliche ist, das über jedes Ich und alle Zeit und Endlichkeit hinausreicht. Die damit verbundenen Erfahrungen werden aus guten Gründen »göttlich«

genannt. Sie sind so stark, dass sie lange vorhalten.

Eine bemerkenswerte Erfüllung im Moment und im gesamten Leben gewährt die *Liebe* in allen Variationen, sodass sich die Frage stellt: Bin ich ein Liebender, ein Geliebter? Das betrifft nicht nur die Liebe im engeren Sinne, sondern auch die Liebe zwischen Eltern und Kindern, Geschwistern, Großeltern und Enkeln, das Mögen zwischen Freunden, Kollegen und anderen Menschen. Ebenso die Liebe zur Natur, zu Tieren und Pflanzen. Zu einer Aufgabe, einer Tätigkeit, einem Beruf, einer Liebhaberei, einem Sport. Zur Kultur, zur Musik und anderen Künsten, zur Transzendenz, zu Gott. Auch zu materiellen Dingen, die dem jeweiligen Ich viel bedeuten. Der, der etwas oder jemanden liebt und sich geliebt, zumindest gemocht fühlt, spürt eine Intensität im Leben, die nicht nur die Aufwallung eines Moments, sondern auch eine dauerhafte Grundstimmung sein kann. Wenn die Frage ist, wie Marc Aurels eingangs zitiertes Ziel der *Wege zu sich selbst* realisiert werden kann, ein guter Mensch zu sein und »das schönste Leben zu führen«, dann stellt wohl das Lieben die Antwort darauf dar.

Nicht zwangsläufig ist das erfüllte Leben auch ein »gelingendes Leben«. Es ist beunruhigend, wie sehr in der fortgeschrittenen Moderne das Gelingen beschworen wird, das Menschen auf eine falsche Fährte setzt: Kein Leben kann immerzu gelingen, jedes kann teilweise und manchmal vollständig misslingen.

Unverwechselbar wird das Leben eines Menschen dadurch, dass er die Fülle des Lebens auf seine besondere Weise ausschöpft, mit guten und schlechten Erfahrungen, immer neuen Hoffnungen und Enttäuschungen, Erfolgen und Misserfolgen, zahlreichen Versuchen und Irrtümern, endlosen Um- und Abwegen. Über intensive Momente hinaus ist Erfüllung darin zu finden, das gesamte Spannungsfeld des Lebens in Erfahrung zu bringen und einen Eindruck auch von dessen Abgründen zu gewinnen. *Ausgerechnet das Leben, in dem vieles schwierig ist und misslingt, kann das Gefühl vermitteln, wirklich zu leben und das Leben in Fülle zu erfahren.* Das Leben hingegen, in dem vieles einfach zu sein scheint und gelingt, kann dazu führen, sich einer unerträglichen Leichtigkeit des Seins ausgesetzt zu fühlen und das Leben nicht mehr zu spüren. Auf erträgliche Weise leichter wird das Leben dadurch, dass seine widersprüchliche Fülle bejaht und sogar geliebt werden kann. Die zehnte Anregung zur Selbstbefreundung trägt dem Rechnung: Offen zu sein für die Fülle des Lebens, um von ihr durchdrungen werden zu können.

Wird für ein erfülltes Leben auf die Erfüllung von Erwartungen gesetzt, spielt die eigene Arbeit eine Rolle. Mit ihr ist der Übergang von einer Möglichkeit zur Wirklichkeit zu vollziehen, vom Potenzial einer *Energie* zur Materialisierung in einem *Werk*, um einem Traum Leben einzuhauchen, einem Ideal Realität zu verleihen, ein Versprechen einzulösen, einen bestimmten Zweck, eine übernommene Pflicht, eine selbst oder von Anderen oder vom Leben gestellte Aufgabe zu erfüllen. Auch der Liebesschwur, für immer an der Seite des Anderen zu bleiben, erschöpft sich darin, ein bewegender Moment zu sein, wenn keine beständige Ausführung über die Zeiten hinweg für Erfüllung sorgt. Was wirklich zählt im Leben, ist das, was nicht nur theoretisch für wichtig gehalten, sondern praktisch auf den Weg zur Realisierung gebracht wird. Das kleine Sandkorn täglicher Arbeit kann am ehesten den Berg anhäufen, auf dessen Gipfel irgendwann die große Verwirklichung zu feiern ist, eine kleine aber jederzeit auf dem Weg dorthin. Das Leben mit konkreten Erfahrungen zu füllen: Daraus geht ein erfülltes Leben hervor.

Für die Erfüllung im modernen Leben hat die Realisierung von *Projekten* mit Zielsetzungen und -vereinbarungen, hergeleitet vom Arbeitsleben, zentrale Bedeutung erlangt. Bedauerlicherweise sind Ziele jedoch nur spannend, solange sie nicht erreicht werden. Die Ankunft am Ziel kann das Leben plötzlich in Frage stellen. Auf den Moment der Erfüllung folgt eine große Leere. Ratsam wäre daher, nie nur auf eine einzige Erfüllung zu setzen, die das Selbst allein zurücklassen würde, stattdessen immer auf dem Weg zu sein, moderner ausgedrückt, im *Prozess*, der mit oder ohne Ziel als der richtige identifiziert wird, mithilfe eines Gespürs, das die Spur der Intensität aufnimmt, durch die die Erfüllung zu finden ist. Ein Mensch kann spüren, wie die Energie ihm Auftrieb verleiht, wenn er auf seinem Weg ist, und wie sie abflaut, wenn er davon abkommt. Zweifel und Verzweiflung erzwingen immer wieder die Besinnung darauf, ob der eingeschlagene Weg auch der richtige ist, der zum Selbst passt.

Ob aber in Erfüllung geht, was ein Mensch sich wünscht und erhofft, liegt nicht an ihm allein. Auch andere Menschen, unverfügbare Verhältnisse und unkalkulierbare Zufälle nehmen darauf Einfluss. Niemand kann eine Erfüllung erzwingen. Frei verfügbar sind lediglich die *Ansprüche*, die ein Mensch an das Leben, an Andere und sich selbst stellt. Die Aussicht auf Erfüllung steht dazu im Verhältnis: Mäßige Ansprüche machen Erfüllung leicht, unmäßige schwer. Es ist ein naheliegender Impuls, anspruchsvolle Erwartungen an das Leben zu hegen, aber auch die Fähigkeit zur Hinnahme mangelnder Erfüllung sollte damit Schritt halten. Ergänzend zu Erwartungen, die eintreffen oder auch nicht, könnte unvermuteten Entdeckungen, die sehr viel Erfüllung mit sich bringen können, eine größere Chance gegeben werden, Prinzip *Serendipity*.

Für Menschen, die sich für eine Erfüllung *über das Leben hinaus* interessieren, kommt ein möglicher transzendenter Sinn des menschlichen Seins in den Blick, der nicht unbedingt ein religiöser sein muss, sondern ein *evolutionärer* sein kann, nämlich Möglichkeiten für die Weiterentwicklung des Lebens zu erkunden und zu erproben. Da die Erfüllung dieser Aufgabe nicht nur mit vielen Freuden, sondern auch einigen Mühen einhergeht, hat die Natur dem Menschen die Fähigkeit zur Regeneration mitgegeben: Das könnte der Zweck des Glücks sein. Es zum Selbstzweck zu verklären, wäre dann eine missliche Verfehlung der originären Aufgabe. Ein glückliches Leben führen zu wollen, für das die eigenen Kreise immer enger gezogen werden müssen, damit Andere und Unwillkommenes sie nicht länger stören können, wäre eine Verkennung der Rahmenbedingungen des menschlichen Lebens.

Dem denkbaren evolutionären Sinn entspricht die Erfüllung, die ein Mensch empfindet, wenn er seinen besten Möglichkeiten gemäß lebt und den Weg geht, den er als den seinen erkennt. Andere realisieren auf ihre Weise andere Möglichkeiten und leisten damit womöglich, wie das Selbst, einen Beitrag zu einem größeren Ganzen, auch wenn niemand es in Gänze kennt. Offenkundig ist jedoch die Aufgabe, Möglichkeiten zu entdecken und zu testen, mit einem planvollen, überlegten Vorgehen allein nicht zu erfüllen, daher werden Menschen immer wieder von der unwiderstehlichen Lust erfasst, anstelle der Erfüllung von Erwartungen etwas Anderes, auch Planloses und Unüberlegtes zu tun. Menschen lieben es, nicht zu tun, was von ihnen erwartet wird. Kein System, auch kein mediales und virtuelles, wird diesen Eigensinn Einzelner je aushebeln können, mit dem sie sich allen totalitären Zugriffen entziehen.

Aber das sind nur Überlegungen. Vermutlich sind die Dinge nicht so, wie Menschen glauben, dass sie sein müssten, sondern so, wie sie von sich aus sind. Es besteht Grund zur Annahme, dass sie zu keinem Zeitpunkt vollständig zu durchschauen sind, sodass Menschen *glauben* müssen, wo sie nicht mit absoluter Gewissheit *wissen* können, also eigentlich überall. Einstweilen glauben

Menschen noch an das Ich, das in der modernen Kultur immense Bedeutung erlangt hat, deren Auswüchse im unmäßigen Narzissmus sichtbar werden. Wie alle Wesen und Dinge unterliegt das Ich jedoch der Vergänglichkeit, nicht nur das einzelne Ich, sondern auch das Ich als kulturelle Lebensform. Alles hat seine Zeit, die irgendwann abgelaufen ist, das gilt auch für das Ich.

Schluss:
Was soll aus dem Ich werden?

Das Ich hat eine große Geschichte hinter sich. Lange war es das *Herrscher-Ich* von Machthabern, deren Untertanen es nicht wagen durften, »Ich« zu sagen. Auch Marc Aurel, im Hauptberuf Herrscher des Römischen Reiches, schrieb aus dieser Position heraus und versuchte sie doch durch Selbstbesinnung abzumildern, ein Gegenentwurf zum terroristischen Narzissmus Neros hundert Jahre zuvor.

Tausend Jahre später räusperte sich im Schatten der Herrscher vernehmlich ein Ich, das zwar den alten Souveränitätsanspruch beibehielt, ihn aber auf subtilere Weise vertrat. Es erhob seine Stimme im Bereich der *Kunst* und erlebte seinen Aufschwung in der abendländischen Epoche der Renaissance, Namen wie Giotto, Botticelli, Leonardo, Dürer, die beiden Cranachs, Michelangelo, Tizian, Raffael, El Greco stehen dafür.

Das Ich machte sich als *Abenteurer* auf den Weg und hieß Marco Polo, Kolumbus, Magellan,

Vasco da Gama, Cook. Unter weithin geläufigen Namen wie Locke, Hume, Smith, Voltaire, Diderot, Rousseau, Jefferson, Kant, Herder veranstaltete es die *Aufklärung* gegen alle Verhältnisse, die Menschen zu Untertanen machen. Es beanspruchte eigene Rechte und setzte sie in Kraft mit der englischen Magna Charta, der amerikanischen Unabhängigkeitserklärung und der Erklärung der Menschenrechte im Gefolge der Französischen Revolution.

Zahllose Menschen lernten fortan, »Ich« zu sagen. Aus dem Subjekt, das dem Wortsinn nach ursprünglich der Untertan war (*subiectum* im Lateinischen), wurde das stolze Subjekt der Selbstbestimmung, das die Moderne begründete, die ohne Ich in diesem Sinne undenkbar ist.

Nun aber mehren sich die Anzeichen dafür, dass das Ich von der Zeit, die es herbeigeführt hat, überfordert ist. Es beginnt an zu viel Ich zu leiden und zu verzweifeln. Das selbstbestimmte Leben fällt ihm zur Last. Der Möglichkeiten, die es mit enormen Anstrengungen gewonnen hat, wird es überdrüssig. Die große Form, zu der es im *Ichismus* der fortgeschrittenen Moderne aufgelaufen ist, vermag es nicht mehr auszufüllen. So implodiert es unter der Last seiner überdehnten Form und stürzt in sich zusammen wie eine ausgebrannte Sonne. Im Schatten des aufgeblasenen Narzissmus, der als letztes Aufbäumen des alten Ich verstanden werden kann, kündigt eine *Ich-Erschöpfung* bereits dessen Untergang an. Was zunächst nur Einzelne betrifft, droht im Laufe des 21. Jahrhunderts zur Epidemie werden. Das Ich hat eine Vergangenheit, aber keine Zukunft mehr, zumindest nicht in der bisherigen Form.

Was kommt nach dem Ich? Ein anderes Ich. Seine kommende Form hat sich längst schon angekündigt, und erneut in der *Kunst*, insbesondere in den Künstlergruppen, die seit den Frühromantikern die Entwicklung der Moderne begleiten: Präraffaeliten, Impressionisten, Kubisten, Expressionisten, Sezessionisten, Surrealisten, Dadaisten, Blauer Reiter, Brücke, Bauhaus, Fluxus. Sie alle experimentierten mit Möglichkeiten der Kooperation und wechselseitiger Inspiration freier und selbstbewusster Menschen, die außer Kunstwerken auch eine andere Art des Ich-Seins hervorgebracht haben. Im Laufe des 20. Jahrhunderts übernahm eine wachsende Zahl von Musikgruppen diese neue kulturelle Form. Sehr weit gediehen ist sie im improvisierten, direkten Austausch zwischen ausgeprägten Ichs im *Jazz*, der nicht zufällig von jungen Menschen im 21. Jahrhundert wiederentdeckt wird, hundert Jahre nach seiner Erfindung.

Elemente des Jazz finden sich wieder in der digitalen Vernetzung, in der die Ichs zu Relaisstationen von Gemeinschaften werden, die nicht mehr zu den Zwängen früherer Gemeinschaften in ichlosen Zeiten zurückkehren wollen. Das vernetzte Ich, das *Netz-Ich* in diesem Sinne, widersteht den Versuchungen eines überbordenden, selbstherrlichen Narzissmus und kümmert sich um sein Leben und Arbeitsleben mit einer Prise Narzissmus und einer Menge Kooperation. Weiterhin lebt und arbeitet es in Familien, Freundeskreisen, Nachbarschaften, Gruppen, Teams, aber mit einem Denken, Fühlen und Kommunizieren, das mit technischer Unterstützung unmittelbarer als je zuvor mit Anderen geteilt werden kann. Teilen und Tauschen, sinnvolles Tun und faire, nachhaltige Verhältnisse sind diesem Ich wichtig. Sein Leben wird leichter, da es sich nicht mehr damit belasten muss, alles mit sich allein auszumachen. Es ist das mit sich befreundete Selbst, das mit seiner inneren und äußeren Vernetzung den Übergang zu dieser neuen Form des Ichs gelassen gestalten kann.

Zum Autor

Wilhelm Schmid, geboren 1953 in Billenhausen (Bayerisch-Schwaben), lebt als freier Philosoph in Berlin. Umfangreiche Vortragstätigkeit, seit 2010 auch in China, Südkorea und Indien. 2012 erhielt er den deutschen Meckatzer-Philosophie-Preis für besondere Verdienste bei der Vermittlung von Philosophie, 2013 den schweizerischen Egnér-Preis für sein bisheriges Werk zur Lebenskunst. Nach dem Studium von Philosophie und Geschichte in Berlin, Paris und Tübingen lehrte er viele Jahre Philosophie als außerplanmäßiger Professor an der Universität Erfurt. Regelmäßig war er tätig als Gastdozent in Riga/Lettland und Tiflis/Georgien sowie als philosophischer Seelsorger am Spital Affoltern am Albis in der Nähe von Zürich/Schweiz.
Homepage: www.lebenskunstphilosophie.de
Twitter: @lebenskunstphil

Buchpublikationen

Vom Schenken und Beschenktwerden, 2017, Insel-Bücherei.

Das Leben verstehen. Von den Erfahrungen eines philosophischen Seelsorgers, 2016, Suhrkamp Taschenbuch.

Von den Freuden der Eltern und Großeltern, 2016, Insel-Bücherei.

Vom Nutzen der Feindschaft, 2015, Insel-Bücherei.

Sexout. Und die Kunst, neu anzufangen, 2015, Insel Verlag.

Vom Glück der Freundschaft, 2014, Insel-Bücherei.

Gelassenheit. Was wir gewinnen, wenn wir älter werden, 2014, Insel Verlag.

Dem Leben Sinn geben. Von der Lebenskunst im Umgang mit Anderen und der Welt, 2013, Suhrkamp Taschenbuch.

Unglücklich sein. Eine Ermutigung, 2012, Insel Verlag.

Liebe. Warum sie so schwierig ist und wie sie dennoch gelingt, 2011, Insel Verlag.

Die Liebe atmen lassen. Von der Lebenskunst im Umgang mit Anderen, 2013. Ursprünglich unter dem Titel: *Die Liebe neu erfinden*, 2010, Suhrkamp Taschenbuch.

Ökologische Lebenskunst. Was jeder Einzelne für das Leben auf dem Planeten tun kann, 2008, Suhrkamp Taschenbuch.

Glück. Alles, was Sie darüber wissen müssen, und warum es nicht das Wichtigste im Leben ist, 2007, Insel Verlag.

Die Fülle des Lebens. 100 Fragmente des Glücks, 2006, Insel Taschenbuch.

Die Kunst der Balance. 100 Facetten der Lebenskunst, 2005, Insel Taschenbuch.

Mit sich selbst befreundet sein. Von der Lebenskunst im Umgang mit sich selbst, 2004, Suhrkamp Taschenbuch.

Schönes Leben? Einführung in die Lebenskunst, 2000, Suhrkamp Taschenbuch. Neue Ausgabe 2017, Suhrkamp Pocket.

Philosophie der Lebenskunst – Eine Grundlegung, 1998, Suhrkamp Taschenbuch Wissenschaft.

Was geht uns Deutschland an? Ein Essay, 1993, Edition Suhrkamp.

Auf der Suche nach einer neuen Lebenskunst, 1991, Suhrkamp Taschenbuch Wissenschaft.

Die Geburt der Philosophie im Garten der Lüste, 1987, Suhrkamp Taschenbuch.